GÜTERSLOHER
VERLAGSHAUS

Gütersloher Verlagshaus. Dem Leben vertrauen

In unserer emotionalen Welt zählt doch weit mehr als das, was gesagt wird, wer es ausspricht.

Wolfgang Schmidbauer, Einsame Freiheit

Wenn jemand etwas tut,
dann hat er zwei Gründe dafür:
einen guten Grund und einen wirklichen Grund.

John Pierpont Morgan, amerikanischer Banker

Diese Angst, unsere Identität zu verlieren,
ist einer der Faktoren, die uns daran hindern,
den anderen zuzuhören.

Aaron Kipnis/Elizabeth Herron, Wilder Frieden

Bernd Latour
geb. 1944, ist seit 1982 Professor für Linguistik der deutschen Sprache an der Universität Hamburg und Autor erfolgreicher Ratgeber.

BERND LATOUR

Was soll die blöde Frage?

Das Einmaleins der Kommunikation

Gütersloher Verlagshaus

Bibliografische Information Der Deutschen Bibliothek

Die Deutsche Bibliothek verzeichnet diese Publikation in der Deutschen Nationalbibliografie; detaillierte bibliografische Daten sind im Internet über http:\\dnb.ddb.de abrufbar.

Die im Buch veröffentlichten Ratschläge wurden vom Verfasser sorgfältig erarbeitet und geprüft. Eine Garantie kann dennoch nicht übernommen werden, ebenso ist eine Haftung des Verfassers bzw. des Verlages und seiner Beauftragten für Personen-, Sach- und Vermögensschäden ausgeschlossen.

ISBN-13: 978-3-579-06425-3
ISBN-10: 3-579-06425-8

Umschlaggestaltung: schwecke.mueller Werbeagentur GmbH, München, unter Verwendung eines Fotos © Getty Images
Satz: Katja Rediske, Landesbergen
Druck und Bindung: GGP Media GmbH, Pößneck
Printed in Germany

www.gtvh.de

Inhalt

Teil III
ARGUMENTATION

Teil IV
NICHT GESAGT, ABER MITGEMEINT

TEIL V
DEN BALL ZURÜCKGESPIELT

Einleitung

Man könnte fragen: Was ist Kommunikation? Aber ebenso sinnvoll könnte man fragen: Was ist sie nicht? Was gehört nicht zur Kommunikation? Denn wenn man einmal anfängt, darüber nachzudenken, was man unter »Kommunikation« versteht, dann hört man so schnell nicht wieder auf. Es fällt einem nämlich alles Mögliche dazu ein. Zur Kommunikation gehört z. B.:

- die Hupe meines ungeduldigen Hintermannes, dem ich ganz einfach zu langsam fahre;
- ein Wörterbuch des Türkischen;
- der Hinweis, dass mein Supermarkt heute Vormittag leider wegen einer Betriebsversammlung geschlossen bleiben muss; man dankt für mein Verständnis;
- die Glocke der Marktkirche, die 12 Uhr schlägt;
- die Märchen der Brüder Grimm;
- das Aufleuchten der roten Warnlampe an meinem Drucker, der schleunigst nach einer neuen Tintenpatrone verlangt;
- die neueste Folge von »Harry Potter«/»Der Herr der Ringe«;
- der Zollbeamte, der fünf Wagen nacheinander durchwinkt, den meinen aber anhält;
- Ihr Kreuz auf dem Stimmzettel bei der Bundestagswahl;
- der Hund, der die Leine im Maul heranträgt und Gassi geführt werden möchte (kommt zwar fast nur im Fernsehen vor, eignet sich als Beispiel aber trotzdem);

- der entschuldigende Blick eines Studenten, der in meinem Seminar mal wieder vergessen hatte, rechtzeitig sein Handy abzuschalten. Dessen Geklingel gehört natürlich auch zur Kommunikation. Und ebenso seine 30-seitige Hausarbeit, die ich nach Semesterende trotz seines Handygeklingels mit wohlwollender Fairness korrigieren werde;
- das Verfallsdatum auf einer Flasche Sonnenblumenöl;
- die Ausrufung der Republik am 9.11.1918 durch Gustav Scheidemann;
- die Wettervorhersage in ARD, ZDF, RTL etc.;
- das aggressive Schweigen in einer Besprechung, in der es vor und nach diesem Schweigen sehr kontrovers zugeht.

Ich könnte endlos so fortfahren, und Sie hätten wahrscheinlich noch ganz andere Einfälle zu diesem Stichwort als ich. Wie auch immer: Sie würden schnell merken, dass Kommunikation erheblich mehr ist als die Verwendung nur von Sprache. Außerdem: Kommunikation ist nicht nur das, was man bewusst und mit voller Absicht tut, sie »widerfährt« einem auch. Vieles an der eigenen Art zu kommunizieren merkt man selber überhaupt nicht. Und was andere im Schilde führen, wenn sie mit uns sprechen, auch nicht. Unter diesen Voraussetzungen würde ich Ihnen wahrscheinlich ein »akademisches Grundlagenwerk« von 1.200 Seiten zumuten müssen (vielleicht auch ein paar weniger). Sie hätten aber vermutlich wenig Neigung und ebenso wenig Zeit, eine solche Schwarte bis zur letzten Seite zu lesen, und ich genauso wenig Lust, so ein Opus zu schreiben. Vielleicht habe ich Ihre Langmut jetzt falsch eingeschätzt, die meine dafür aber sehr realistisch.

Ich habe allerdings noch gar nicht gesagt, was die Wörter »Kommunikation« und »kommunizieren« eigentlich in meinem Verständnis bedeuten. Diese Begriffe haben nämlich bei so ziemlich jedem/r Autor/in eine leicht unterschiedliche Profilierung, und die meine will und kann ich Ihnen nicht vorenthalten. »Kommunikation« und »kommunizieren« leiten sich von dem lateinischen Adjektiv »communis« her, und das bedeutet »gemeinsam«. Von »communis« kommt »communicare«, also unser »kommunizieren«, und das wiederum heißt so viel wie »eine Sache gemeinsam machen, sie mitteilen«.[1]

»Jemandem etwas mitteilen« ist eine der vielen Möglichkeiten, »miteinander etwas zu teilen«. Was verbindet diese beiden Bedeutungen: »eine Sache gemeinsam machen« und »mitteilen«? Das, was ich im Kopf habe, das gehört nur mir. Erst wenn ich den Mund aufmache, teile ich das anderen mit, was in meinem Kopf ist, und dann ist es auch anderen gemeinsam. Die können darüber verfügen, die können meine Gedanken zum Beispiel – positiv oder negativ – kommentieren, in ihr Gegenteil verdrehen und damit Schlussfolgerungen aus ihnen ziehen, die mir gar nicht sympathisch sind. Solche Prozesse sind – und das ist für alles Weitere sehr wichtig! – meiner Kontrolle mehr oder weniger komplett entzogen. Andere Menschen lassen mich allerdings auch in gleicher Weise an ihren Gedanken teilhaben, teilen sie mir mit und machen sie zu einer uns gemeinsamen Sache (und müssen es nebenbei hinnehmen, dass auch ihnen die Kontrolle über das von ihnen Gesagte entzogen wird). Dieses Mitteilen stiftet Gemeinsamkeit, begründet sozialen Zusammenhalt. Da ich trotz erwähnter Unlust, ein umfassendes Werk zu schreiben, bei dem

Thema »Kommunikation« aber gerne bleiben würde, suche ich mein Heil darin, dass ich an den (hoffentlich) richtigen Stellen weglasse und dem Thema eine bestimmte Richtung gebe. Ich gehe zum Beispiel nicht darauf ein, dass Kommunikation auch die Übertragung von Informationen ist. Die »Sprache« der Bienen ist aus diesem Grund ebenso wenig mein Thema wie das Signalsystem unserer Verkehrsschilder. Sprachliche Kommunikation insbesondere – das wissen wir – setzt ein Lautsystem voraus, ebenso ein mehr oder minder großes Repertoire lexikalischer Einheiten (vulgo: Wörter) und grammatische Regeln, mit denen sie zu sinnvollen oder wenigstens verständlichen Äußerungen verknüpft werden.

Auch dieser Komplex ist nicht mein Thema, obwohl die Übertragung von Informationen alles andere als ein nebensächlicher Aspekt von Kommunikation ist. Es gibt andere Aspekte, die mich mehr interessieren und für die ich hoffentlich auch Ihr Interesse wecken kann. Ich verzichte an dieser Stelle darauf zu sagen, welche das im Einzelnen sind. Es würde doch nur unnötig abstrakt klingen.

Kommunikation greift tief in unsere Existenz ein. Ein Schuldspruch vor Gericht, ein Heiratsantrag oder auch die erlösende Information: »Sie haben bestanden!« können unserem Dasein eine ganz neue Richtung geben – zum Positiven wie zum Negativen. Kommunikation kann Menschen sehr glücklich machen, sie kann aber auch ein Menschenleben zerstören. So geschah es etwa, als Elizabeth I. das Todesurteil über ihre Rivalin Maria Stuart verhängte. Nachzulesen in dem gleichnamigen Trauerspiel von Friedrich Schiller. Viele Dinge, die Menschen tun, gelingen oder sie gehen daneben. Kommunikation macht da keine Ausnahme: Sie gelingt oder sie misslingt. Und vor allem: Kommunikation ist immer auch ein Können. Sie ist Kompetenz. Eine Kompetenz, zu der sehr Verschiedenes gehört. Eine Kompetenz, die, wie bereits angedeutet, einem nicht immer bewusst sein muss und es ziemlich oft auch gar nicht ist. Kommunikation ist etwas, was wir alle können, was Sie können, was ich kann. Insofern ist wahrscheinlich auch nicht alles völlig neu, was Sie in diesem Buch finden. Neu ist hoffentlich die Perspektive, aus der ich bestimmte Ihnen mehr oder minder bekannte Phänomene darstelle. Dazu gehört auch die Tatsache, dass wir mit dem Resultat unseres kommunikativen Könnens nicht immer ganz zufrieden sind. Mein Ziel ist es, dass Sie in diesem Punkte mit sich zufriedener werden.

Ich habe zuvor gesagt, wovon hier *nicht* die Rede sein wird. Aus welcher Perspektive ich dieses Thema aber nun doch angehen werde, *was* ich also behandeln möchte, sage ich gleich. Ich muss zu dem Zweck nämlich etwas weiter ausholen.

Teil I

Grundlagen

Ist der Mensch ein Wolf?

Kommunikation greift, wie zuvor gesagt, nicht nur tief in unsere menschliche Existenz ein, sie ist auch ein Teil davon – sie gehört zu unserem Menschsein. Ich will jetzt keine Spekulationen darüber anstellen, was der Mensch ist. Das haben viele andere viel kompetenter vor mir getan. Ich beschränke mich vielmehr darauf, zwei sehr gegensätzliche Auffassungen zu dieser Frage aus der abendländischen Kulturgeschichte zu zitieren, eine optimistische, zumindest neutrale, und eine ziemlich pessimistische, die beide, um auch dies gleich vorweg zu sagen, vieles für sich haben. Die etwas freundlichere von beiden stammt von *Aristoteles.* Er sagte in seiner »Staatslehre«, der Mensch sei, so wörtlich im Alt-Griechischen, ein »zoon politikon«, ein Tier oder ein Lebewesen, das in der Stadt lebt. »Polis« bedeutet die Stadt; die Wörter »Akropolis«, »Politik« und »Poliklinik« kommen daher. Und von »zoon« kommt u.a. der Zoologische Garten.

Die Stadt steht als Bild für den verdichteten Sozialverband, in dem die Menschen mit ihresgleichen zusammenleben, sich aber auch mit ihresgleichen irgendwie arrangieren müssen und eben nur in dieser sozialen Gemeinschaft überlebensfähig sind. Sich miteinander zu arrangieren ist ohne Kommunikation überhaupt nicht vorstellbar. Und nicht ganz zufällig steht die Stadt, die *polis* des Aristoteles, für die soziale *Gemeinschaft*, in der die Menschen miteinander das gemeinsam machen, was sie im Kopf haben. Angefügt sei noch, dass bei Aristoteles keinerlei Zweifel daran laut werden, dass dieses Sich-miteinander-arrangieren-müssen auch gelingt.

Thomas Hobbes, der englische Staatstheoretiker (1588-1679) und Vordenker des europäischen Absolutismus, hatte ein weniger optimistisches Bild vom Menschen. Die Zeiten, in denen er lebte, die Religionskriege in England und auf dem Kontinent, waren ja auch ziemlich unruhig. Wahrscheinlich aus diesem Grund stammt von ihm die später viel zitierte Formulierung: »homo homini lupus« = der Mensch ist dem Menschen ein Wolf, das heißt: Der Mensch ist jederzeit bereit, seinesgleichen an die Kehle zu fahren. Oder noch anders: *Der Mensch ist der ärgste Feind des Menschen.* Dies ist, so Hobbes, der Naturzustand des Menschen. Er sprach im gleichen Zusammenhang, nämlich in seinem Hauptwerk, dem »Leviathan«, vom »Krieg aller gegen alle« *(bellum omnium contra omnes).* Auch dieser Ausdruck ist später zum geflügelten Wort geworden. Beide Auffassungen, die von Aristoteles und die von Hobbes, schließen sich an der Oberfläche aus. In Wirklichkeit aber ergänzen sie einander. Sie treffen beide etwas Wesentliches. Das nämlich, was Kommunikation ausmacht, aber auch das, was sie immer wieder zum Problem macht, enthalten diese beiden konträren Menschenbilder: Das tägliche Leben ist ein *Miteinander*, es ist aber immer auch ein *Gegeneinander.* Diese beiden Seiten einer Medaille könnte man auch so formulieren: Aristoteles betont die »Sozialverträglichkeit« des Menschen; Hobbes hebt dagegen die Tatsache hervor, dass der Mensch eben immer auch Individuum ist, mit Interessen, Bedürfnissen (und Abneigungen), die nur ihm eigen sind und die er not-

Das tägliche Leben ist Miteinander und Gegeneinander.

falls auch gegen andere verteidigt oder durchsetzt. *Wolf* oder *politisches Lebewesen* – beide Auffassungen schließen sich wie gesagt nicht aus, und dafür, dass sie einander mit einer gewissen Notwendigkeit ergänzen, hält die Tierwelt noch eine andere Spezies bereit, nämlich das Stachelschwein: »Von dem Philosophen Schopenhauer stammt das oft zitierte Beispiel von den Stachelschweinen, die durch einen kalten Winter müssen. Sie rücken ganz dicht zusammen, um sich zu wärmen, aber die spitzen Stacheln pieksen, also rücken sie wieder voneinander ab. Aber dann frieren sie wieder. Sie müssen Nähe und Distanz immer wieder neu regulieren, um einerseits nicht zu erfrieren und sich andererseits nicht an den Stacheln ihrer Stachelschweinkollegen – Quellen des Trostes und des Schmerzes – zu verletzen. Wir brauchen die Nähe zu anderen, weil sie uns ein Gefühl von Gemeinschaft gibt und uns in dem Glauben bestärkt, nicht allein auf der Welt zu sein. Aber wir brauchen auch die Distanz zu anderen, um unsere Unabhängigkeit bewahren zu können und nicht von anderen unterdrückt oder verschlungen zu werden.« (D. Tannen, Das hab' ich nicht gesagt, S. 35)

Nähe und Distanz müssen immer wieder neu reguliert werden.

Derselbe Gedanke, wiederum anders ausgedrückt: Wer allein im Packeis spazieren geht, dem tritt keiner auf die Füße. Er kann aber auch niemanden fragen, wie spät es ist. Aus jenen beiden gegensätzlichen Auffassungen – Aristoteles und Hobbes, aber auch aus ihrer Vermittlung durch Schopenhauer – beziehe ich meine Perspektive, aus der heraus ich das Thema »Kommunikation« behandeln möchte.

Kommunikation, so wie ich sie sehe, ist

- *kooperativ* und
- potenziell *kontrovers.*

Dialogische Kommunikation ist eine Kommunikation des Miteinanders. Dieser Gedanke schließt denjenigen der *Verpflichtung* ein. Der kontroverse Charakter menschlicher Kommunikation setzt uns der Notwendigkeit aus, *argumentieren* zu müssen, wenn wir die Probleme, die sich aus dem Miteinander ergeben, *ohne Gewalt* lösen wollen. Aus dem Menschenbild von Hobbes ergibt sich aber noch etwas anderes: dass Regeln des Zusammenlebens verletzt oder unterlaufen, dass Verpflichtungen *ignoriert* oder *gebrochen* werden. Dass man sich der Notwendigkeit, vernünftig zu argumentieren, auch *verweigern* kann. Dass Spielregeln des sozialen Miteinanders für die anderen verbindlich sind, aber nicht für einen selbst. Und dass die anderen dies doch bitte schön zu akzeptieren haben …

Verpflichtungen und Verbindlichkeiten werden aber nicht nur befolgt oder gebrochen bzw. ignoriert, sie können – und müssen! – teilweise immer wieder von neuem *ausgehandelt werden.* Im Einzelfall ist es nämlich keineswegs immer ganz klar, wer was muss.

Routine entlastet

Ein weiterer Gedanke, der allerdings weder mit Aristoteles noch mit Thomas Hobbes viel zu tun hat, scheint mir ebenfalls von zentraler Bedeutung. Es handelt sich dabei um ein Phänomen, das ich den *Standardcharakter* der *Kommunikation* nennen möchte. Damit ist gemeint, dass sich im alltäglichen kommunikativen Miteinander vieles wiederholt. Das heißt nichts anderes, als dass wir in Standardsituationen mit Standardmitteln reagieren. Mit Redewendungen, das heißt mit sprachlichen Fertigteilen, die wir selbst und andere auch vorher schon verwendet haben. Vielleicht finden Sie diese Überlegung etwas gewöhnungsbedürftig, denn auf den ersten Blick scheint es doch so zu sein, dass auf der Erde, aber auch in unserem überschaubaren Lebensbereich vor der Haustür dermaßen viel Neues auf uns herunterprasselt, dass wir mit dem Verarbeiten gar nicht mehr nachkommen. Dennoch: Vieles im täglichen Leben kommt genau so oder ganz ähnlich immer wieder, viele unproblematische Situationen, aber auch viele Konflikte laufen nach einem »Drehbuch« ab.

Ich werde mir Mühe geben, Sie davon zu überzeugen, denn gerade Konflikte wirken an der Oberfläche sehr oft ziemlich chaotisch. Wenn es sich wirklich so verhielte, dass kein Tag wäre wie ein anderer vor ihm, wenn wir uns ständig mit Eindrücken auseinandersetzen müssten, die wir noch nie zuvor zu bewältigen hatten – unser Wahrnehmungsapparat und unser Nervensystem würden nach spätestens einer Woche »Konkurs anmelden«. Wahrscheinlich sogar früher. Die Energien, die wir brauchen, um uns mit ganz neuen Situationen zu konfrontieren – einem neuen Arbeitsplatz, einem/er neuen (Kurzfrist- oder Lebens-) Partner/in, einem Computer mit einem ganz anderen Betriebssystem, als sein Vorgängermodell es hatte -, diese Energien müssen wir woanders sparen, nämlich in Situationen, die so oder so ähnlich ablaufen wie gehabt. Auch wenn das Wort »Routine« manchmal einen etwas schalen Beiklang hat – Routine hilft uns, unseren Energiehaushalt im Gleichgewicht zu halten, sie bewahrt uns vor permanenter Überforderung.

Die Handgriffe, mit denen ich morgens meinen Wagen starte, laufen unbewusst ab, ich denke währenddessen an etwas anderes und bin froh, dass ich das kann. Das könnte ich nicht, wenn ich mich voll auf die halbe Drehung des Zündschlüssels (links- oder rechtsrum?) und das Einlegen des ersten Ganges konzentrieren müsste (Kupplung treten – ja oder nein?). In diesen Zusammenhang gehören auch unsere *Gewohnheiten* – sie sind das Energiesparprogramm par excellence! Es gäbe sie gar nicht, wenn nicht im täglichen Leben bestimmte Situationen immer wiederkehren würden. Aber was hat all das mit unserem Thema, der Kommunikation, zu tun? Ziemlich viel, und das fängt schon an mit gewissen Ritualen, mit denen wir einander täglich begrüßen (»Hallo! Hey! Tach! Grüß Gott!«), uns Glück wünschen, aber auch unser Beileid bekunden. Wir müssen zum Glück nicht jedesmal neu darüber nachdenken, wie wir einen Gruß oder einen Glückwunsch gestalten. Wenn wir es müssten, würden wir vielleicht eine starke Tendenz entwickeln, unse-

> Gewohnheiten sind das Energiesparprogramm par excellence.

re Kontakte miteinander auf das unvermeidlich Notwendige zu beschränken, denn sie wären einfach zu anstrengend. Aber auch wenn wir uns rechtfertigen, Begründungen liefern oder jemandem einen Vorwurf machen, greifen wir auf ein schon vorhandenes Repertoire an Versatzstücken zurück. Wir sagen Dinge, die wir selbst und die andere schon gesagt haben. Davon, d.h. von diesem *Standardcharakter unserer Kommunikation*, soll in diesem Buch noch mehrfach die Rede sein. Es war davon auch schon mehrfach die Rede, ohne dass ich das eigens gesagt hätte.

Feilschen Sie gerne?

Es gibt Menschen, die feilschen gern. Anderen ist das extrem zuwider. Ich selbst gehöre zur ersten Sorte. Allerdings finde ich die simplere Form weniger sexy: Man fragt in einem Designer-Shop – angesichts der, wie man weiß, sehr großzügig kalkulierten Handelsspannen und weil's halt Spaß macht –, ob der ins Auge gefasste Pullover nicht auch für 30 € weniger zu haben ist, und bekommt zur Antwort kaum mehr als ein knappes »Ja« oder »Nein«. Dann kauft man bzw. man lässt es bleiben. Schön, wenn man seine Preisvorstellungen durchgesetzt hat, aber das ist in meinen Augen kein Feilschen, sondern allenfalls die Überwindung einer (für mich wohlgemerkt!) relativ niedrigen Hemmschwelle. Nein, ich meine: *richtig feilschen*! Vornehmer ausgedrückt: einen Preis aushandeln und sich dafür auch Zeit nehmen. So wie 1992 in Marrakesch, als ich dreimal die Verhandlung abbrechen und den Laden ohne jenen reich dekorierten Spiegel verlassen wollte, der mir in die Augen gestochen hatte, und dessen Inhaber dreimal hinter mir herlief und mich wieder in sein Etablissement zerrte und noch öfter beim Barte des Propheten schwor, ich würde ihn und seine vielköpfige Familie noch an den Bettelstab bringen. Bis wir uns schließlich auf einen Preis geeinigt hatten, bei dem er ein zufriedenes Gesicht machte, das mich eigentlich nicht hätte überraschen sollen. Wir schieden als gute Freunde. Nun ja, fast … Diese Erfahrung, die Sie in ähnlicher Weise vielleicht auch gemacht haben, hat viel mit dem zu tun, was den Charakter von Alltagskommunikation ausmacht. Auch wenn es nicht um Dinge und um Preise geht – in beiden Situationen geht es darum, *was gelten soll.* Beim Feilschen oder Aushandeln ist es der definitive Preis, der *gilt*, das heißt zu dem die Ware über den Tresen geht. In der Alltagsargumentation geht es darum,

– wessen Sichtweise *gelten* soll;
– wessen Wertsystem *gelten* soll;
– wer sagt, wie was ist;
– wer was tun sollte;
– wer was lassen sollte.

Beiden Situationen gemeinsam ist also dieses:

– Wir treten einander als gleichberechtigte, autonome Subjekte gegenüber: Wir können kaufen/verkaufen, aber wir müssen es nicht. Wir können uns einigen und wollen das vielleicht auch gerne, aber wir sind dazu, Ausnahmesituationen jetzt einmal beiseite gelassen, nicht gezwungen.
– Wir ringen um das, *was gelten soll:* um den Preis einer Ware oder auch um einen für beide Seiten verbindlichen Standpunkt. Beim Feilschen ebenso wie in der Alltagsargumentation lauern jedoch zwei Gefahren:
– Eine der beiden Seiten bricht die Verhandlung ab, und es kommt zu keiner Einigung.
– Einer der beiden Kontrahenten setzt sich auf Kosten des/der anderen durch: Der Händler zieht den/die Kunden/din gewaltig über den Tisch. Oder es dominiert in der Partnerschaft eine Seite die andere.

Es macht also durchaus Sinn, unsere Konflikte miteinander im Alltag und unsere Konfliktlösungsversuche mit den Verhandlungen zweier Kaufleute zu vergleichen.[2] Und dennoch haben Kaufleute, aber auch Kunden und Händler nicht nur unterschiedliche Interessen (möglichst viel zu erlösen bzw. möglichst wenig zu bezahlen), sie haben auch noch etwas gemeinsam. Sie halten nämlich beide, ohne dass das immer ausdrücklich gesagt werden müsste, ein Wirtschaftssystem für sinnvoll, das es ihnen ermöglicht, als »freie Wirtschaftssubjekte«, wie das so schön heißt, gleichberechtigt einander gegenüber zu treten. Es wäre ja grundsätzlich auch denkbar, dass Güter nach Plan verteilt werden. Reichlich Erfahrungen hat die Menschheit mit dieser Variante ja gesammelt. Dann wäre es eben nichts mit dem Aushandeln. Der Konsens über das Wirtschaftssystem also ist ihre Gemeinsamkeit, über die muss aber nicht mehr verhandelt werden.

Die Alltagskommunikation läuft ebenfalls vor dem Hintergrund der Tatsache ab, dass vieles immer schon ausgehandelt ist und überhaupt nicht mehr diskutiert werden muss. Vielleicht nicht für die gesamte Menschheit, aber für bestimmte soziale Gruppierungen.

Nehmen wir als Beispiel das Kollegium einer »sozialen Brennpunktschule« in einer westdeutschen Großstadt. In der Schülerschaft spielen verschiedene ethnische Gruppierungen eine nicht unbedeutende Rolle, die einander teilweise gar nicht grün sind. Mehrmals im Monat hat die Schulkonferenz sich mit Gewaltausbrüchen und teilweise schweren Körperverletzungen zu beschäftigen. Die Schule hat es sich, wie die meisten anderen Schulen auch, zum Ziel gesetzt, die Eskalation der Gewalt nicht nur zu stoppen, sondern besagten Schülergruppen das friedliche Zusammenleben, ja sogar die gegenseitige Akzeptanz nahe zu bringen. Im Jargon der Pädagogen nennt dieses Vorhaben sich »Multi-Kulti«, und alle sind überzeugt, dass dieses Projekt gelingt, dass es gelingen muss. Die Kommunikation innerhalb der Lehrerschaft hat immer wieder das Ziel, sich dieses Weltbild zu bestätigen. Ein Weltbild, nach dem alle Völker der Welt friedlich zusammenleben können, wenn nur hinreichende Anstrengungen in dieser Richtung unternommen werden. Denn – dies ist als ideologische Grundlage wichtig – der Mensch ist eigentlich gut, und wenn er doch auf seinesgleichen losgeht, dann ist das rechte Wort zur rechten Zeit der geeignete Konfliktlöser. Für die Schule heißt das: Schüler nach Möglichkeit ohne Zwangsmaßnahmen zur Einsicht bringen. In den Lehrerkonferenzen werden auch nur Argumente zugelassen, die dieses Weltbild bestätigen, auf andere Optionen geht niemand ein. In einem ganz ähnlichen Sinn pointiert Klaus Bayer: »Wer argumentiert, der tritt nicht nur für seine Ansichten in der gerade aktuellen Diskussion ein, sondern für das Weltbild, das ihm selbst nützt, aber deshalb nicht unbedingt auch seinen Gesprächspartnern.« (Bayer 1999, S. 66)

Oft akzeptiert man nur Argumente, die das eigene Weltbild bestätigen.

Ich werde mich hüten, den von mir hoffentlich zutreffend beobachteten Sachverhalt an der erwähnten Schule zu kritisieren. Denn strukturell vergleichbare Beobachtungen – aber mit ganz anderen Inhalten – lassen sich auch in ganz anderen sozialen Gruppierungen machen. Auf Geselligkeiten, bei denen sich Selbstständige (Ärzte, Anwälte, Inhaber kleinerer Dienstleistungsbetriebe) und Manager von Industrieunternehmen zusammenfinden, werden ebenfalls Weltbilder (natürlich ganz anderer »Machart«) bestätigt und reproduziert: dass jeder der Anwesenden seinen beruflichen Erfolg und seinen materiellen Status einzig seiner persönlichen Tüchtigkeit und seinem Einsatz verdankt und dass in unserem Gesellschaftssystem jeder alles erreichen kann, wenn er/sie sich nur ordentlich anstrengt. Solche Weltbilder müssen in den jeweiligen sozialen Gruppen natürlich nicht mehr ausgehandelt werden, sondern sind längst verhandelt. Auch in einem solchen kommunikativen Austausch, wie er etwa für Partys typisch ist, sind grundsätzlich andere Sichtweisen wenig erwünscht. Jemand, der eine solche vertritt, würde wahrscheinlich auch gar nicht erst eingeladen werden.

Ich bin hier nur auf zwei Beispiele für so genannte Subkulturen eingegangen: Lehrer und diejenigen, die in der freien Wirtschaft tätig sind. Ergänzen ließe sich diese Sammlung unschwer um Theologen, Krankenhausärzte, Vegetarier, Anhänger Grüner Parteien, *taz*-Leser und *FAZ*-Leser. Was jede dieser Gruppen nach innen zusammenhält, nämlich ihr Weltbild, das heißt ihre gemeinsame Wirklichkeit, schließt sie nach außen hin ab.

Diese beiden Beispiele sollen nicht darüber hinweg täuschen, dass in der alltäglichen Kommunikation vieles immer wieder neu verhandelt werden muss. Das fängt bei so banalen Situationen an wie der, wer zuerst durch eine Tür gehen darf bzw. soll. »Bitte nach Ihnen« oder »Gehen Sie erst, Sie sind schwerer beladen«, das sind Standardformulierungen, die hier zum Einsatz kommen. Verhandelt wird auch, wer wessen Frage beantworten muss, wer überhaupt wem kommunikativ etwas »schuldet«:

»Sie beantworten jetzt bitte *erst mal* meine Frage, *bevor* ich auf Ihre eingehe!« Diesen Satz habe ich nicht nur einmal gehört.

Viele Situationen im täglichen Leben sind verhandelbar und verhandlungsbedürftig, andere lassen keinerlei Verhandlung zu. Allein schon deshalb nicht, weil man niemanden finden wird, der sich an einer entsprechenden Verhandlung beteiligt.

Diejenige Lebenssituation jedoch, in der permanent etwas ausgehandelt werden muss, ist die *Partnerschaft*. Ausgehandelt werden müssen in ihr:

- Nähe und Distanz,
- Rechte, Pflichten und Ansprüche,
- Bedürfnisse und ihre Erfüllung.

Es geht außerdem darum, welche Ansichten innerhalb der Partnerschaft Konsens sind, zum Beispiel:

- Wer hat welche Eigenschaften?
- Wer ist schuld?
- Wer hat Recht?
- Wessen Leistungen wiegen wie schwer?
- Wer ist egoistisch, wer altruistisch?
- Wer ist wofür verantwortlich?
- Wer darf etwas und wer nicht? (z. B. wütend werden; widersprechen)
- Wer hat welche Aufgaben? Wer muss was (nicht)?
- Wer hat die Kontrollkompetenz?
- Wer hat die Bewertungskompetenz? Und wofür?

- Wer sagt, »wo's langgeht«?
- Wer schuldet wem welche Auskunft? Welche Informationen darf er oder sie (nicht) für sich behalten?

Wer hier zu denjenigen gehört, die ungern feilschen, der hat höchstwahrscheinlich ein Problem. Denn auch wenn in einer oder in mehreren dieser Fragen ein Konsens nicht herzustellen ist – wer nicht gerne verhandelt, läuft Gefahr, sich einem einseitig etablierten Konsens, der eigentlich gar keiner ist, unterwerfen zu müssen.

Miteinander und gegeneinander

Wenn Aristoteles mit seiner Ansicht Recht hat, dass wir Menschen nur in der Gemeinschaft von unseresgleichen eine Chance zum Überleben haben, also nur im Miteinander – ja, was bedeutet dann dieses Miteinander? Es bedeutet in jedem Fall nicht, dass wir irgendwie und unverbindlich zur gleichen Zeit am gleichen Ort anwesend sind. Es muss noch etwas mehr hinzu kommen, etwas, das auch zentral für Kommunikation ist: dass wir, wie bereits angedeutet, gewisse *Verpflichtungen* haben, *Verbindlichkeiten* eingehen. Dass wir einander etwas schulden, zum Beispiel in eine jener Verhandlungen überhaupt einzutreten, von denen eben die Rede war, statt sich solchen Bemühungen grundsätzlich zu verweigern.

Wir bekommen voneinander nur dann etwas, wenn wir bereit sind, einander dasselbe oder etwas Vergleichbares zu geben. Insofern verhalten wir uns wie Kaufleute.

So lautet eine zentral wichtige unserer sozialen Spielregeln in einer etwas idealistisch getönten Formulierung, denn, wie gesagt und wie eh bekannt, Regeln kann man ja auch brechen. Man kann das nicht nur, es geschieht ja auch oft genug.

Ein Auto bremst neben mir, das Fenster geht auf der Beifahrerseite herunter, und obwohl ich es ziemlich eilig habe, bleibe ich stehen und wende mich mit einem fragenden Blick dem Wagen zu. Wie man am besten zum Marien-

Krankenhaus komme. Ich muss einen Augenblick überlegen, da verschiedene Einbahnstraßen und zwei Linksabbiege-Verbote die Sache nicht gerade einfacher machen. Ganz astrein scheinen meine Erklärungen auch nicht gerade zu sein, denn es setzt noch zwei Nachfragen, wobei mir – ich sage es ehrlich – die Kontrolle über meine aufsteigende Ungeduld zunehmend schwerer fällt. Die U-Bahn, die ich kriegen wollte, kann ich wohl abschreiben. Warum mache ich mir diese Mühe? Ich kenne die beiden Ortsunkundigen doch gar nicht. Die Antwort ist sehr einfach, und sie wird Sie auch kaum überraschen: Ich bin durch meine Sozialisation so programmiert, dass ich in einer solchen *Standardsituation* erst einmal positiv reagiere. Ich nehme an, Sie würden ähnlich reagieren. Mir wurde in fremden Städten auch schon sehr oft geholfen, und wenn ich in Thessaloniki oder Sevilla zu Fuß unterwegs war, dann gingen Einheimische die Strecke Wegs sogar ganz oder teilweise mit mir, nur um sicher zu sein, dass ich auch wirklich an mein Ziel kam. Und diese Leute hatten – ebenso wie ich in der obigen Situation – eigentlich etwas anderes zu tun. Es ist eine Verpflichtung, die ich spüre, in einer bestimmten Situation in einer ganz bestimmten Weise zu reagieren. Und genau so habe ich die Erwartung an andere, dass die sich entsprechend verhalten. Natürlich habe ich die Freiheit, mich dieser Verpflichtung zu entziehen. Das fällt mir meistens etwas schwerer, als dieser Verpflichtung zu entsprechen, denn ein bewusster Entschluss ist hier schon nötig, während im ersten der beiden Fälle meist eine automatisierte Reaktion am Wirken ist.

In Standardsituationen reagieren wir oft in vorhersehbarer Weise.

Noch einmal die Situation der Wege-Auskunft. Aber ein wichtiges Detail ist nun verändert: Ich erlebte vor einiger Zeit, dass ich überhaupt nicht verstand, wer wohin wollte, weil neben der Beifahrerin ein struppiger Hundekopf sich zum Fenster herausstreckte und in mir wohl seinen lang gesuchten Todfeind entdeckte. In dem Gebell jedenfalls verstand ich überhaupt nichts und wurde auch nicht verstanden. Die Insassen schienen das Problem überhaupt nicht zu bemerken. Ich fand nun, dass nicht nur ich eine Verpflichtung hatte, sondern die andere Seite genauso, spürte jedoch keinerlei Bereitschaft zur Kooperation, die dem Hundetier wenigstens für zwei Minuten den Mund oder das Maul verboten hätte (ich habe keinen Hund und weiß deshalb wahrscheinlich auch gar nicht, wie schwer das sein kann). Deshalb brach ich diesen kurzen Kontakt ab. Denn Verpflichtungen haben immer auch Grenzen. Wo diese genau verlaufen, das ist eine schwierige Frage. Die übrigens falsch gestellt ist, denn solche Grenzen verlaufen nicht »genau«. Ihr Verlauf hängt vielmehr davon ab, wie wir ihn ziehen. Von unserer willkürlichen Entscheidung also.

Wir entscheiden, wie wir mit Verpflichtungen umgehen.

Die soziale Verpflichtung ist aber nicht nur ein soziales Gebot, zu dem man sich so oder so verhalten kann – in bestimmten Situationen schreibt der Gesetzgeber sie auch fest. Wenn ich bemerke, dass jemand dabei ist zu ertrinken, kann ich mich nicht damit herausreden, dass ich die betreffende Person ja gar nicht kenne. Wenn ich in einem solchen Fall also nicht zu Hilfe eile, mache ich mich der unterlassenen Hilfeleistung schuldig, für die unser Strafgesetzbuch entsprechende Sanktionen vorgesehen hat. *Sich sozial verhalten* – so nennen wir gewöhnlich die Tatsache, dass wir fremde Erwartungen an uns, sofern berechtigt, respektieren und unsere Verpflichtungen anderen gegenüber ernstnehmen. Wir können auf der anderen Seite berechtigte Erwartungen an uns genauso gut ignorieren und unsere Verpflichtungen anderen gegenüber nicht weiter ernst nehmen. Letzteres hängt ganz sicher mit dem *lupus-*, d. h. mit dem Wolfs-Charakter unseres Menschseins zusammen.

Beide Aspekte, der Respekt vor fremden Erwartungen, aber auch deren Missachtung, prägen auch unsere alltägliche Kommunikation. Wenn wir mit anderen *argumentieren*, also etwas begründen, eine Sache plausibel machen oder uns rechtfertigen, dann tun wir das oft nicht, weil wir das gerne *wollen*, sondern weil wir das *sollen*. Wir genügen also fremden Erwartungen.

Indem wir aber gleichzeitig bestimmte argumentative Tricks anwenden, verstoßen wir gegen soziale Fairnessgebote. Wir hoffen nämlich, dass die andere Seite diese Tricks nicht durchschaut.

Aber bleiben wir noch für einen Moment im Straßenverkehr. Denn hier lässt sich eine typische Eigenschaft von Alltagskommunikation zeigen, die typisch ist, zugleich aber auch immer wieder zum Problem werden kann. Ich meine damit den *Nötigungscharakter* von *Kommunikation*. Aber was ist Nötigung?

Auf regennasser Landstraße irgendwo in Deutschland versucht eine Autofahrerin ein anderes Auto zu überholen. Doch jedesmal, wenn sie auf gleicher Höhe ist, gibt der Fahrer Gas und lässt sie nicht vorbei. Sie bricht das Manöver nach mehreren Versuchen ab, zumal auf der Gegenfahrbahn immer wieder andere Autos auftauchen. Die Situation ist nicht ganz ungefährlich. Sie steuert schließlich die nächste Polizeiwache an und erstattet Anzeige. Nach einigen Wochen wird der Fahrer, der vielleicht ein Problem mit seinem männlichen Ego hatte – sich von einer Frau überholen zu lassen? –, zu einer Geldstrafe verurteilt. Wegen *Nötigung*. Oder etwas umgangssprachlicher: Weil er die Dame gezwungen hatte, etwas zu tun, was sie nicht wollte, nämlich auf ihr Überholmanöver zu verzichten. Überhaupt: Wer jemanden dazu bringt, etwas zu tun (oder auch zu lassen), was der oder die Betreffende nicht will bzw. eigentlich doch wollte, der nötigt den oder die. Aber lassen wir das Strafgesetzbuch beiseite. Auch in der Alltagspraxis, wo wir noch lange nicht daran denken, die Gerichte zu bemühen, üben wir alle Druck aufeinander aus und tun mehr oder weniger freiwillig, was jemand anders von uns will. Die Toleranzen sind da sehr unterschiedlich. Was eine(r) schon ziemlich unerträglich findet, ist für den/die andere(n) absolut problemlos.

In der Alltagskommunikation nötigen wir einander unbewusst.

Dass wir alle voneinander etwas wollen – jeden Tag – irgendetwas, und das gleich mehrfach -, das ist so selbstverständlich, dass es uns meist gar nicht weiter auffällt. Viele *Fragen* sind von dieser Art:

- »Weißt du eigentlich, wie spät es ist?«
- »Hat niemand für mich angerufen?«
- »Kannst du mir aus dem Supermarkt Mozzarella mitbringen?«

Wer so gefragt wird, reagiert wahrscheinlich in irgendeiner Weise, zum Beispiel indem er eine Antwort gibt. Meistens sind solche Situationen auch absolut unproblematisch, alle haben aber eines gemeinsam: Wer so angeredet bzw. gefragt wird, hat das bestimmte oder unbestimmte Gefühl, er oder sie sei dem anderen eine Reaktion *schuldig* – nämlich die Antwort. Fragen gehören zu den Situationen, zu denen man sich irgendwie verhalten muss,[3] und sei es auch, dass man sich der Frage verweigert. Und man verhält sich dazu – so oder so -, weil man ein soziales Wesen, ein »zoon politikon« ist, im Sinn von Aristoteles.

Es gibt aber Situationen (auch nicht wenige), in denen man das Gefühl hat, der/die andere will zu viel von mir, in jedem Fall mehr, als ich im Augenblick oder überhaupt Lust habe zu geben. Und schlimmer noch: Er oder sie setzt das auch noch durch, was er/sie wollte – gegen meinen Willen! Verpflichtungen und Verbindlichkeiten lassen sich manipulieren, und hier ganz besonders das Gefühl anderer, in der Pflicht zu sein (das »Pflichtgefühl« ist noch wieder etwas anderes). Wichtig ist, dass man hier entschiedene Grenzen setzt. Denn wer sich in solchen Situationen nicht wehren kann, kann dies oft deshalb nicht, weil

- er/sie das Spiel nicht durchschaut, das andere mit ihm/ihr spielen; und weil – aber das hängt eng damit zusammen –

– ihm/ihr das rechte Wort fehlt. Das ist eine Situation der Hilflosigkeit. Dagegen wollen (und werden) wir in diesem Buch etwas unternehmen. Auch wenn das Wort »Nötigung« eher negative Assoziationen wachruft – nach dem Beispiel aus dem Straßenverkehr wäre das ja auch nicht weiter verwunderlich:
Ohne diesen Nötigungscharakter gibt es keine Kommunikation.

Wir »blenden« noch einmal zurück zu den Stachelschweinen: Auch bei denen gab es keine lebenserhaltende Wärme, ohne die Bereitschaft, sich – zumindest ein bisschen – pieksen zu lassen, d.h. den Preis für diese Wärme zu zahlen.

Kommunikation läuft nur dann, wenn wir ein Stück weit bereit sind zu tun, was wir sollen. Denn dasselbe erwarten wir ja auch von anderen. Wir verhalten uns wie Kaufleute: Keine Ware ohne Bezahlung.

Unerwünschte Einflussnahme auf andere, sich Durchsetzen gegen andere ist ja auch die negative Kehrseite der Tatsache, dass wir einander nicht völlig gleichgültig sind. Wären wir mürrische Einzelgänger, die einander tunlichst aus dem Weg gehen, gäbe es wahrscheinlich gar kein Nötigungsverhalten. Als chronische Geselligkeitsmuffel würden wir dann aber wahrscheinlich auch gar nicht überleben, wie die Stachelschweine, wenn die den Kältetod den pieksenden Stacheln ihrer Artgenossen vorziehen würden. Aber das ist sowieso eine Was-wäre-wenn-Geschichte.

Komplizenschaft oder:

»Wer nicht für mich ist ...«

Ein weiterer Gedanke ergibt sich aus dem Konzept des »politischen Lebewesens«, das der Mensch nach Aristoteles ist. Denn wenn wir Menschen nicht nur gemeinschaftsfähig, sondern auch auf die Gemeinschaft anderer angewiesen sind, dann stehen wir mit unseren Ansichten und allem, was uns sonst so heilig ist, nicht gerne allein da. Um Letzteres zu verhindern, tun wir zweierlei: Wir achten darauf, welche unserer Ansichten, aber auch welche Ansichten überhaupt von anderen Menschen unserer näheren und weiteren Umgebung geteilt werden, und wir versuchen, diese anderen auf unsere Seite zu ziehen. Den ersten dieser beiden Aspekte hat Elisabeth Noelle-Neumann, die große Alte Dame der Demoskopie in Deutschland, in einem Zeitungsartikel, in dem sie unter anderem an den von ihr geprägten Begriff der »Schweigespirale« erinnert, so skizziert:

»Damit [d. h. mit dem Begriff der »Schweigespirale«, B.L.] wird beschrieben, dass die Menschen aller Länder gesellige Wesen sind, die sich nicht isolieren wollen. Sie wollen nicht, dass andere Menschen von ihnen abrücken, sie wollen beliebt oder wenigstens akzeptiert sein. Deshalb beobachten Menschen ununterbrochen ihre Umwelt und die Medien, vor allem das Fernsehen, und versuchen zu erkennen, wie in strittigen Fragen der öffentlichen Diskussionen, in wertgeladenen, moralisch schwierigen Fragen, sich die allgemeine Einstellung entwickelt.« (E. Noelle-Neumann, FAZ, 11.04.2000)

Ganz reichen solche Bemühungen aber nicht, zumindest nicht nach Auffassung vieler Menschen, denn aktive Beeinflussung der eigenen Umgebung muss zur passiven Beobachtung hinzutreten. Es gehört zum kommunikativen Standardverhalten, dass man um Zustimmung für die eigene Meinung bei denjenigen wirbt, mit denen man zu tun hat. Man wirbt um Gesinnungsgenossen, man sucht »Komplizen«, solche, mit denen man sich einig weiß in seinen Bewertungen, in dem, was Elisabeth Noelle-Neumann »wertgeladene, moralisch schwierige Fragen« nennt. Es geht etwa um die Bewertung von Menschen, aber auch um Fragen wie Krieg und Frieden, die Beurteilung der aktuellen Regierung und ähnliches.[4] Um Komplizen werben[5], das gehört wahrscheinlich zu unseren sozialen Lieblingsbeschäftigungen. Das Gelände, auf dem geworben wird, kann jedoch vermint sein. Dann nämlich, wenn die angesonnene Komplizenschaft verweigert wird. Schließlich hat nicht jeder und jede Lust, jede x-beliebige Ansicht (alle möglichen Verschrobenheiten gehören schließlich auch hierher) zu der seinen/ihren zu machen. Wer bei solchen Aktivitäten nicht auf die erwartete Gegenliebe stößt, macht aus seinem/ihrem Herzen meist keine Mördergrube: Die Reaktionen auf verweigerte Komplizenschaft können ziemlich aggressiv oder doch zumindest gereizt ausfallen.

Um Komplizen werben gehört zu unseren Lieblingsbeschäftigungen.

Zwei Beispiele aus Vorabend-Soaps mit ihren Standardredewendungen sind recht illustrativ und sprechen für sich:

»Hast du dich auf ihre Seite geschlagen?«
(Marienhof, ARD, 11.11.1999)

»Warum verteidigst du ihn?«
(Verbotene Liebe, ARD, 28.10.1999)

Ein weiteres Beispiel, im Alltag aufgelesen und Ihnen sicherlich bekannt:

»Fang du nicht auch noch an!«

Eine Frage, die sich für mich aus diesem Zusammenhang ergibt, kann ich nur stellen, aber nicht beantworten, weil die Thematik zu komplex ist: Hat die aggressive Reaktion auf verweigerte Komplizenschaft etwas zu tun mit dem leider ziemlich verbreiteten Hass auf Angehörige einer Fremdkultur (Christen gegen Muslime und umgekehrt oder die verfeindeten Anhänger zweier Fußballmannschaften, die vor und nach dem Spiel aufeinander einprügeln)? Vielleicht ist es auch nicht immer Hass, zumindest aber eine mehr oder minder stark ausgeprägte Abneigung gegen Menschen, »die nicht so sind wie wir selbst.«

Das Fremdkulturelle beginnt bereits bei zahlenmäßig ziemlich kleinen sozialen Gruppierungen. Man spricht ja nicht ganz zufällig auch von »Unternehmenskulturen«. Und wenn zwei Unternehmen fusionieren, dann scheitern solche Fusionen, wenn sie scheitern, in der Mehrheit der Fälle an »fremdkultureller Aversion«. Die Standardvorwürfe gegen die verweigerte Komplizenschaft (»Hast du dich auf ihre Seite geschlagen?« und mehrere andere) gehören in diesen Zusammenhang.

Teil II

KOMMENTARE

Der Wolpertinger und die verspätete S-Bahn

Was leistet unsere Sprache eigentlich? Und was nicht?

Kommunikation ist ganz wesentlich *sprachliche Kommunikation*, obwohl Mimik und Gestik nicht übersehen werden dürfen. Sprache ist allerdings ein Medium, dessen Tauglichkeit keineswegs über jeden Zweifel erhaben und gegen jede Kritik immun ist. Wir können also, die Frage der Überschrift wieder aufnehmend, weiter fragen: Was leistet unsere Sprache nicht? Und wo führt sie uns in die Irre? Wo täuscht sie uns? Wo spiegelt sie uns falsche Tatsachen vor? Das Verhältnis von Sprache und Realität ist nämlich alles andere als einfach. Obwohl es zumindest auf den ersten Blick ziemlich einfach aussieht: Wir reden miteinander, weil wir einander sagen wollen, was der Fall ist und was nicht, weil wir Informationen austauschen, die wir für objektiv zutreffend halten, an deren Richtigkeit wir jedenfalls nicht zweifeln. So sahen es auch in den 70er und 80er Jahren des vergangenen Jahrhunderts marxistische Sprachwissenschaftler. In kaum einem ihrer Aufsätze fehlte der Hinweis, die wesentliche Funktion der Sprache sei es, die Realität abzubilden.

Zugegeben: Die menschliche Sprache leistet unter anderem auch dieses, nämlich wiederzugeben, was der Fall ist. Wenn ich etwa sage, dass meine S-Bahn zwei Minuten Verspätung hat, dann gibt diese Aussage den entsprechenden

Sachverhalt in der Realität ziemlich genau wieder. Zumindest wird mir niemand widersprechen, der eine genau gehende Uhr hat. Und genauer muss diese Wiedergabe für eine alltagssprachliche Verständigung auch nicht sein.

Sprache leistet aber auch etwas ganz anderes. Wenn ich beispielsweise von Tieren wie dem Vogel Phönix, dem Einhorn oder auch dem Wolpertinger höre oder lese, dann sind das Wesen, die menschlicher Phantasie entspringen, die aber in der Realität jedenfalls bis jetzt noch nicht gesichtet worden sind (Computeranimationen sind eine andere Sache, sie gehören ebenfalls in den fiktionalen Bereich und beweisen nicht das Gegenteil). Rumpelstilzchen und Schneewittchen als menschliche Gegenstücke stellen sich ihnen zwanglos an die Seite. Die menschliche Sprache bildet also nicht nur die Realität ab, in der wir leben – die Frage, wie gut sie das kann, wollen wir jetzt nicht weiter untersuchen –, sie konstruiert auch fiktive Welten. Beide auseinander zu halten, das ist im Fall meiner verspäteten S-Bahn und des Vogels Phönix noch ziemlich einfach. Ein Problem könnte vielleicht auftreten, wenn etwa mein Cousin felsenfest von der Existenz der *Außerirdischen* überzeugt ist, und ich es ganz einfach nicht schaffe, ihm meine diesbezüglichen Zweifel nahe zu bringen. Aber diese Schwierigkeit dürfte entweder in meiner mangelnden Überzeugungsgabe oder in seiner etwas unterentwickelten Einsicht begründet sein.

Ein ganzes Stück schwieriger wird es jedoch dann, wenn wir uns die Frage stellen, wo die Grenzen zwischen diesen beiden Welten verlaufen – und ob es diese Grenzen überhaupt gibt. Die Grammatik der deutschen, aber auch vieler anderer Sprachen gibt uns die Möglichkeit, fiktive Welten zu konstruieren, ein Universum des Vorstellbaren, aber eben nicht Realen zu entwerfen:

»Ich *wollte*, ich *wäre* jetzt auf Sizilien.« Aber: Ich bin im derzeit regenverhangenen Norddeutschland. Das ist die Realität.

»*Hätte* ich doch nur auf dich *gehört*!« Aber: Ich *habe nicht* auf dich gehört, und die Gelegenheit, es doch noch zu tun, ist wenigstens für diesmal unwiederbringlich vorbei.

Auch hier können wir noch ohne Schwierigkeiten Realität und Fiktion voneinander trennen. Die grammatischen Formen *wollte, wäre* und *hätte … gehört* machen uns die Sache leicht und nicht zuletzt natürlich die Sachverhalte selber.

Ob es so einfach weitergeht, das werden wir sehen. Wie sehr wir uns täuschen können über die Nähe unserer Sprache zur Realität, die uns umgibt, das kann vielleicht folgendes Beispiel zeigen:

Nehmen wir an, Sie sind im Sommerurlaub an der See, das Wetter ist schlechter als nur durchwachsen, und den gestrigen Tag konnte man am besten aus dem Kalender ganz streichen, denn es hatte von morgens bis abends ohne Unterbrechung gegossen. Nun stehen Sie am frühen Morgen auf der Terrasse und stellen zu Ihrer freudigen Überraschung fest:

»Es regnet nicht mehr.«

Meinen Sie, dieser Satz beschreibt die beobachtbare Realität ganz genau so, wie sie ist, als wären Sie selber gar nicht anwesend? Gibt dieser Satz wieder, was Sie sehen? Falls Sie das bejahen – Einspruch! Sie sehen weder *Regen* noch sehen Sie ihn *nicht.* Was Sie sehen, das ist blauer Himmel, vielleicht auch mit ein paar Wolken garniert. Wenn Sie sagen: »Es regnet nicht«, dann formulieren Sie Ihre Befürchtungen, die glücklicherweise nicht eingetreten sind, oder ganz einfach nur die mitgedachte Möglichkeit, dass es *regnen könnte.* Diese Möglichkeit sehen Sie aber nicht. An diese Möglichkeit denken Sie nur. In derselben Situation würden Sie ja auch nicht sagen: »Es schneit nicht.« Wenn der Himmel blau ist, dann regnet es nicht und es schneit ebenso wenig, aber das eine sagen wir, das andere nicht. Weil Schnee im Sommer (auf der Nordhalbkugel der Erde) vielleicht auf den Kammlagen des Kaukasus, aber bestimmt nicht an einem Badeort in Mecklenburg-Vorpommern zum Spektrum des Erwartbaren gehört. Im tiefsten Winter wären die Verhältnisse natürlich genau umgekehrt.

In der Sprache halten wir Gesehenes und Vorgestelltes oft nicht auseinander.

Stellen Sie sich bitte einen Augenblick lang noch etwas vor – vielleicht fordert dies Ihre Phantasie etwas mehr heraus: und zwar eine Natur, in der keine Menschen umher laufen. Hier gibt es auch keine negativen Sachverhalte *(nicht regnen, nicht schneien).* Sondern nur positiv vorhandene Dinge und Geschehnisse (einen Vulkanausbruch etwa), an deren Objektivität es keine Zweifel gibt. Von Dingen und Vorgängen reden, die nicht der Fall sind, das können wir mithilfe unserer Sprache, aber auch nur deshalb, weil wir zuvor an Dinge gedacht haben, die sein könnten, die aber nicht sind.[6]

Außerdem: Auf einer Erde ohne Menschen gibt es auch keine Beziehungen, das heißt keine Ähnlichkeiten, keine Gegensätze, keine Vergleichbarkeiten. Solche Beziehungen bringt unser Gehirn überhaupt erst hervor, und viele von ihnen sind »konventionalisiert«, wir haben uns daran gewöhnt, diese Beziehungen zu sehen. Zum Beispiel diejenige, nach der Schwarz und Weiß diametrale Gegensätze sind. Aber warum nicht Rot und Weiß? Auch die Vergleiche, die wir anstellen, sind keine objektiven Gegebenheiten. Mit Vergleichen jedoch – und das ist ganz typisch für unsere alltägliche Kommunikation – wird vielfach argumentiert, überzeugt und überredet.

Ein Beispiel:

Das Frühstücks-Fernsehen sendet am 21.02.2003 (ZDF) den Ausschnitt einer Rede, die der Ex-Finanzminister Oskar Lafontaine am Vortag vor Gewerkschaftern gehalten hatte. Lafontaine vergleicht die aktuelle rot-grüne Regierung mit einer Mannschaft von Automechanikern, die erfolglos an Zündkerzen, Keilriemen und Ventilen eines Motors herumwerkeln, statt zu begreifen, dass dieser ohne Benzin und Öl einfach nicht läuft. Das bedeutet soviel wie: Es muss Kaufkraft (Benzin/Öl = Geld) geschaffen, die Nachfrage stimuliert werden, damit der »Motor der Wirtschaft« wieder läuft. Ob dieser Vergleich wirklich einer kritischen Überprüfung standhält, d. h. ob Geld wirklich genau dasselbe leistet wie Benzin und Öl (ohne die ein Motor unbestritten nicht läuft): Die Zuhörerschaft wollte das gar nicht so genau wissen und applaudierte begeistert.[7]

Unsere Sprache bringt also auf verschiedenen Ebenen Dinge und Sachverhalte hervor, die nicht existieren. Diese entspringen dem menschlichen Gehirn, aber ihnen entspricht nichts, was man in der uns umgebenden Realität beobachten kann. Ziemlich abgehobene Gelehrtenpedanterie? Erkenntnistheoretischer Sperrmüll, aber nichts, was für die Probleme Ihrer Alltagskommunikation von Belang ist? Finden Sie? Ich hoffe, ich kann Sie davon überzeugen, dass wir dieses trübsinnige Fazit nicht ziehen müssen. Einen entsprechenden Versuch mache ich gleich im nächsten Kapitel.

Tatsachen und Bewertungen

Die Grenzziehung zwischen realer und fiktiver, d.h. vorgestellter Welt fällt uns allen schwer. Ich selbst mache da auch keine Ausnahme. Und die alltagspraktische Bedeutung dieses Problems, so abgehoben es im ersten Augenblick vielleicht auch klingt, ist gleichzeitig sehr hoch. Höher noch als bei einem verregneten Sommer an der deutschen Ostseeküste. Dann nämlich, wenn *Bewertungen* ins Spiel kommen.

Eine exemplarische Situation, die Ihnen wahrscheinlich vertraut ist:

Eine Frau nennt ihren Mann *einen Geizkragen*, die Kumpel seiner Saunariege, mit denen er sich jeden Freitag abend trifft und die ihn – aus ihrer Perspektive – auch schon eine Weile kennen, nennen ihn *ein bisschen sparsam*. Wer hat jetzt Recht? Welches Urteil trifft die Realität genauer? Und ist diese Frage überhaupt sinnvoll? Hat da überhaupt jemand Recht? Man darf annehmen, solche Fragen, die die Grundlage dieser beiden Optionen problematisieren, sind sowohl für besagte Ehefrau als auch für die Saunagenossen ziemlich unsinnig. Denn für die Frau ist ihr Mann ein *Geizkragen*, und die Saunamannschaft käme ihrerseits wahrscheinlich überhaupt nicht auf die Idee, ihre eigene Bewertung (*ein bisschen sparsam*) ernsthaft zur Diskussion zu stellen. Für beide Seiten ist also die Person, um die es geht, ebenso real wie die Bewertung. Der Mann, um den es geht, existiert und seine Eigenschaft ebenso. Natürlich gilt diese

Feststellung nur für diejenigen, die ihm solche konträren Eigenschaften zuschreiben.

Die Feststellung, jene Fragen seien unsinnig, wie ich sie einige Sätze weiter oben gestellt habe (*Wer hat jetzt Recht?* etc.), gilt natürlich nicht für mich. Für mich sind diese Fragen sinnvoll. Denn vieles im menschlichen Leben ist eine Frage der Bezeichnung, und die wiederum ist eine Frage der Sichtweise und des Blickwinkels. Was allerdings noch lange nicht heißt, es sei im Leben »alles relativ«. Ihnen fallen wahrscheinlich spontan weitere Beispiele ein, bei denen jemand sich sowohl die Bezeichnung *feige* als auch *vorsichtig* einfängt. Von verschiedenen Instanzen natürlich.[8]

Bezeichnungen und Bewertungen (*Geizkragen – sparsam, feige – vorsichtig* etc.) bringt unser Gehirn ebenso hervor wie den zuvor als Beispiel verwendeten Satz: »Es regnet nicht mehr.« Trotzdem gibt es einen wichtigen Unterschied: Darüber, dass es im Augenblick nicht regnet, wird es unter vernünftigen Menschen (ohne diese Voraussetzung kommen wir natürlich nicht aus!) keine Diskussion geben. Wohl aber können dieselben vernünftigen Menschen über Bezeichnungen und Bewertungen – die beiden sind sehr oft ineinander verknotet und gar nicht selten enthält eine *Bezeichnung* bereits eine *Bewertung* – unterschiedlicher Auffassung sein, weil die Blickwinkel eben sehr oft verschieden sind.

Ab jetzt jedoch überlassen wir das Wetter den Meteorologen und konzentrieren uns auf die Bewertungen. Diese sind keine objektiven Tatsachen. So banal das auch immer klingen mag. Abgesehen davon: Es ist natürlich eine Tatsache, dass ein Mensch einen anderen bewertet, aber diese Tatsache liegt auf einer anderen Ebene. Natürlich kann die Ehefrau, die ein anderes Verhältnis zum Geld hat als ihr Mann, sagen: »Für mich ist mein Mann ein Geizkragen.« Und ihr Mann könnte, mit der moralischen Unterstützung seiner Freunde aus der Sauna im Rücken, erwidern: »Und für mich bin ich etwas anderes.« Damit wäre die Frage, wer von beiden denn nun Recht hat, völlig gegenstandslos. Hier steht Meinung gegen Meinung, und für keine der beiden Seiten besteht ein Grund, sich der Auffassung der Gegenpartei zu unterwerfen.

Auch wenn es um Bewertungen geht, bildet die Sprache nichts ab, was in der uns umgebenden Realität vorzufinden ist. Schauen Sie doch bitte noch einmal aus dem Fenster! Sie werden Dinge (Autos, Fußgänger, Bäume) und Vorgänge (einen Hagelschauer, eine Radkappe, die sich gerade von einem Reifen löst, einen abbrechenden Ast) sehen, aber bestimmt keine Bewertungen. Dass etwa dieser morsche Ast schon immer eine *Gefahr* für die Fußgänger war, und dass der Autoverkehr gerade in dieser Straße immer *unangenehmer* wird. Das empfinden Sie genau so und vielleicht auch andere, Ihre Nachbarn etwa, mit Ihnen, aber das sehen Sie nicht. Solche Bewertungen haben nicht die gleiche objektive Qualität wie die Dinge, die Sie wahrnehmen. Was Sie ebenfalls nicht sehen, ist dieses: dass etwas sein sollte. Dass das Gartenbauamt jenen Ast schon längst hätte absägen *sollen*, und dass man die Straße, an der Sie wohnen, am besten nur für Anlieger freigeben *sollte*. Gleiches gilt ganz sicher auch für die Frau, deren Mann ihrer

Bewertungen sind keine Tatsachen.

Ansicht nach auf dem Portmonnaie sitzt. Natürlich sollte er genau das nicht. Er sollte großzügiger sein. Denn normalerweise sind Bewertungen, im Wesentlichen natürlich die negativen, mit der Vorstellung verbunden, was stattdessen sein sollte.

Ich werde mich jetzt sehr hüten, die Frau zu kritisieren, die ihren Mann wegen exzessiver Sparsamkeit kritisiert, und wäre Ihnen auch dankbar, wenn Sie – ob Leserin oder Leser – mich in diesem Sinn nicht missverstehen. Denn wäre unser Gehirn nicht in der Lage, sich Vorstellungen von dem zu machen, *was sein sollte*, statt nur zu verarbeiten, *was der Fall ist*, wäre der Mensch nicht Mensch geworden. Ebenso wenig werde ich die vielfach anzutreffende Beobachtung kritisieren, dass Menschen, wenn sie in Auseinandersetzungen verwickelt sind, Tatsachen und Bewertungen nicht auseinanderhalten. Ich könnte jetzt schreiben: »… nicht auseinanderhalten *können*.« Ich bin mir aber nicht sicher, ob diese Diagnose wirklich immer und in jedem Fall ins Schwarze trifft. Ob es nicht ebenso richtig wäre zu sagen: »… nicht auseinanderhalten *wollen*«? Ich meine damit nicht unbedingt eine bewusste Absicht und sage auch gleich genauer, was ich damit meine.[9]

Schicken wir jedoch zuvor den »Geizkragen« und seine geplagte Ehefrau in die Partnertherapie (wo ihr vielleicht geraten wird, sie möge selbst Geld verdienen und sich überhaupt von ihrem Mann ein Stück unabhängiger machen) und nehmen ein anderes Beispiel. Von zwei Menschen, die sich lange kennen, sagt einer zum anderen: »Du bist ein notorischer Lügner!«

Für den-/diejenige(n), der/die diesen Vorwurf äußert, hat der den gleichen Realitätsgehalt wie die Feststellung:

»Du bist ja ganz weiß im Gesicht!«

Die Gesichtsfarbe lässt sich nachprüfen, und wer nicht farbenblind ist, wird sie bestätigen. Der *Lügner*-Vorwurf hat aber nur dann seine volle Schlagkraft, wenn er nicht durch die Einsicht relativiert wird, dass es sich hier ja nicht um eine Tatsache, sondern um eine Bewertung handelt. Anders ausgedrückt: Wer einen anderen Menschen als *notorischen Lügner* beschimpft und sich gleichzeitig klar macht, dass dies ja »nur« eine Bewertung ist und keine Tatsachenfeststellung, der hat wahrscheinlich einige Mühe, hinter dem zu stehen, was er dem anderen da vorwirft. Denn zu Vorwürfen, das ist nun wahrlich nichts Neues, gehört immer auch eine gewisse Emotionalität.

Sie verstehen das Gesagte hoffentlich nicht als Votum für den Austausch verbaler Deftigkeiten. Aber es ist wohl klar geworden, dass wir mit einer gewissen Notwendigkeit so denken müssen, als stünden *Geizkragen, Lügner, Feigling* und *treulose Tomate* auf derselben Realitätsebene wie *es regnet* oder *es schneit.* Wir bringen – und das ist ein Standardverhalten – die Realität und unser Bild von ihr leicht durcheinander. Und gar nicht so selten ist das eine Absicht, zumindest eine unbewusste.

Nachtrag:
Wir verändern das *Geizkragen*-Szenario jetzt dahingehend, dass der Mann überhaupt keine Freunde hat, die ihm den Rücken stärken könnten. Er wäre sozial ziemlich stark iso-

liert, und seiner Frau käme als Bewertungsinstanz eine viel höhere Bedeutung zu, da weit und breit niemand ihren Vorwurf relativiert. Ihre Chancen, dass er sich jetzt auch als Geizkragen sieht, dass er die ihm zugeschriebene Eigenschaft als Tatsache nimmt wie Sonnenschein, Regen und Hagelschauer, wäre erheblich größer. Sie würde wohl kaum sagen: »Ich sehe dich als Geizkragen, aber aus deiner Perspektive bist du vielleicht gar keiner.«

»Nun hör schon auf zu jammern!«

Etikettierungen und ihre Rolle in der Kommunikation

Wir können die Dinge, die wir in dieser Welt vorfinden, nicht einfach so nennen, wie wir wollen. Und normalerweise kommen wir auch gar nicht auf die Idee, das zu tun. Ein Tisch ist ein Tisch, ein Baum ein Baum, und eine Mautinkassostelle auf der Autobahn ist kein Zeitungskiosk. Wenn wir in der Kommunikation mit anderen Menschen keine Probleme haben wollen, halten wir uns an solche Vorgaben. Schließlich wollen wir verstanden und nicht für verrückt gehalten werden. Dennoch hat nicht alles, was uns im täglichen Leben begegnet, schon seine fertige Benennung, an der wir nichts mehr ändern könnten. Und vieles wird auch wirklich kontrovers benannt. Schlagen Sie irgendein Printmedium auf, und Sie finden mindestens ein Beispiel wie das folgende:

»Medien berichten eben gern über Medien – nicht immer, aber immer öfter. ›Selbstreferenziell‹ nennen dies die einen, ›selbstverliebt‹ kritteln die anderen.«

(Annette Schnieder, Late Night-Talk im Philturm. S. 7)

Schwer abzusehen, wie diese Kontroverse ausgeht. Vielleicht zugunsten derer, die das Verhalten der Medien beanstanden, vielleicht obsiegen aber auch diejenigen, die da meinen, jene »Selbstbezüglichkeit« müsse so sein, wie sie sei. Möglich auch, dass dieser Dissens gar nicht »ausgeht«, son-

dern ungelöst bleibt. Das wäre in der Alltagskommunikation auch nichts Seltenes.
Mit weiteren Beispielen könnte ich allein schon dieses Buch füllen. Statt jedoch meine diesbezüglich ziemlich umfangreiche Kollektion vor Ihnen auszubreiten, frage ich zunächst nach dem Sinn solcher auf- und abwertenden Benennungen. Benennungen bringen Einstellungen, Neigungen hervor, sie wecken Sympathie oder ihr Gegenteil. Sie sollen es jedenfalls. Das lernt jede(r) Werbekaufmann/-frau in der ersten Woche des ersten Ausbildungsjahres. Diese Einstellungen sind aber auch nicht das Endziel, hinter ihnen liegen vielmehr Handlungen, zumindest Handlungsdispositionen. Für die Werbemenschen sieht die angepeilte Handlung ziemlich eindeutig aus: Kaufen und nichts anderes! Etwas komplizierter stellen sich jedoch andere Lebensbereiche dar. Nehmen wir nun doch noch ein Beispiel, und zwar das »jammern« aus der Kapitelüberschrift. Deborah Tannen zeigt, weshalb gerade diese Abwertung so beliebt ist:

»Das Verb ›jammern‹ zeigt die suggestive Kraft von Worten – es banalisiert nicht nur den Protest, es macht die protestierende Person auch zur Heulsuse.«

(D. Tannen, Lass uns richtig streiten, S. 87)

Wer zur »Heulsuse« gemacht wird, der verliert jeglichen Respekt. Er verdient entweder keine Unterstützung, wenn er welche verlangt – oder man kann ihn leichter angreifen, weil man einfach nicht mehr so viele Skrupel hat. Ein junger Angestellter, der noch nicht lange in seiner Firma tätig ist und sich bei seinem/r Vorgesetzten über irgendeinen internen Missstand beklagt, riskiert sehr schnell die Reaktion: »Sie jammern«. Mit irgendwelcher Hilfe ist da ganz bestimmt nicht zu rechnen. Soll der junge Mann sich doch selber helfen! Egal, worum es geht. Hitler – dieses Beispiel findet sich ebenfalls bei Deborah Tannen im Anschluss an die zitierte Passage – pflegte seine politischen Gegner als »jammernde Memmen« abzuqualifizieren. Dies sollte die Hemmschwellen für Aggressionen gegen sie senken. Und genau das geschah ja auch. Dass ich einen Abteilungsleiter nicht mit Hitler vergleichen möchte, muss ich hoffentlich nicht eigens betonen, aber in beiden Fällen werden über Benennungen Einstellungen und über diese wiederum Handlungsdispositionen erzeugt. In der Politik, in der Wirtschaft, aber auch im alltäglichen Leben. Und ganz grundsätzlich: Es finden sich immer wieder Kommunikationssituationen, die bei aller Unterschiedlichkeit ein strukturelles Moment gemeinsam haben. A propos Politik: Niemanden wundert es, dass auch auf diesem Feld Benennungen die Rolle einer rhetorischen Standardwaffe spielen. Wenn sich etwa ein SPD-Mann auf den früheren CDU-Fraktionsvorsitzenden Wolfgang Schäuble als den »Oberlehrer Schäuble« bezieht, dann kann das, was auch immer nun folgt, einfach nicht mehr konsensfähig sein. Denn von einem »Oberlehrer« kann man doch wohl nur »Belehrungen« und »Besserwissereien« erwarten. Und wer lässt sich schon gerne belehren?

Durch Benennungen werden oft Einstellungen erzeugt.

Etikettierungen dieser Art sind also ein ganz gängiger Trick, um eine Person und das, was sie sagt, als völlig unakzeptabel hinzustellen.

»Du bist doch so was von spießig!«

Was Kommentare anrichten können

Nachdem wir nun eine Weile die Tatsache hin und her gewendet haben, dass Menschen einander so ganz unterschiedlich bewerten, wissen wir, *dass* das so ist. Wir wussten das natürlich auch schon vorher. Aber *warum* ist das so, und vor allem: Was sagt uns das?

Die überlebensnotwendige Wärme ist ohne Gepiekse nicht zu haben, so sagten uns Schopenhauers Stachelschweine. Dieses Bild lässt sich aber noch weiter ausgestalten. Nehmen wir an, manche Stacheln mancher Stachelschweine enthalten, so wie eine Spritze, eine giftige Flüssigkeit, die zwar nicht tödlich wirkt, die aber dafür sorgt, dass ein gepiekstes Tier sich eine gewisse Zeit lang unwohl fühlt. Mal länger, mal nicht ganz so lange. Manche Stachelschweine merken auch überhaupt nichts, bei anderen wiederum fangen die Wunden an zu eitern und heilen überhaupt nicht mehr. Da diese Tiere ja nun uns Menschen entsprechen, haben auch ihre Giftstacheln eine Entsprechung. Sicherlich keine, die Sie sonderlich überraschen wird: Es sind die verletzenden *Kommentare* unserer Umgebung, mit denen wir tagtäglich irgendwie fertig werden müssen. Natürlich gibt es in der Realität unseres alltäglichen Miteinanders auch genügend Kommentare, die uns nicht verletzen, sondern im Gegenteil aufbauen und dafür sorgen, dass wir uns großartig fühlen. Aber für diese Variante von Kommentaren ist in Schopenhauers Bild von den Stachelschweinen kein Platz vorgesehen …

Aber bleiben wir noch einen Moment bei der ersten Variante, den verletzenden Kommentaren. Dafür zwei Beispiele aus: »Wilder Frieden« von Aaron Kipnis und Elizabeth Herron (vgl. Literaturverzeichnis). Das Buch, aus dem zitiert wird, handelt von dem Versuch zweier Psychotherapeuten, in einer gemischten Selbsterfahrungsgruppe so etwas wie »Abrüstungsverhandlungen« im »Krieg der Geschlechter« einzuleiten. Während einer Sitzung in der Wildnis eines kalifornischen Nationalparks sprechen Männer und Frauen über ihre jeweiligen Ängste voreinander. (Alle Hervorhebungen von mir.)

S. 126: »Dann sprach ich [Elizabeth Herron]: ›Wenn ich mit Männern zusammen bin, habe ich oft Angst, etwas *Falsches* zu tun oder zu sagen. Ich habe das Gefühl, ich muss sehr aufpassen bei euch, insbesondere wenn ich eine Art Führungsfunktion ausübe. Ich denke oft, wenn ich mich nicht genau richtig ausdrücke, haltet ihr mich für eine *Zicke.*‹«

S. 129: »Ich [Aaron Kipnis] sagte: ›Ich fürchte am meisten, von Frauen als *minderwertig* angesehen zu werden. Bei anderen Männern kann ich Fehler machen, weil sie verstehen, dass jeder seine Grenzen hat. Aber bei Frauen habe ich Angst, dass sie mich auf einem unrealistischen Leistungsniveau halten und dass ich bei einem *Versagen* keine Vergebung finde und mich dann schämen muss.‹«

Schaut man sich die beiden Passagen näher an, so fällt auf, dass es beiden Personen absolut nicht egal ist, wie sie von anderen kommentiert werden. In ihren Äußerungen ist vielmehr die Vorstellung enthalten: Bestimmte Fremd- und

Selbst-Kommentare *(Zicke, Minderwertigkeit, Versagen)* lösen Angst aus. Sie wirken bedrohlich, und das, was sie bedrohen, ist das Selbstwertgefühl der so etikettierten Person. Und mit dem Selbstwertgefühl letztlich deren Identität. Sie haben wahrscheinlich alle schon einmal diese Erfahrung gemacht. Und dennoch erklärt diese Erfahrung sich nicht von selbst. Das Bild, das wir von uns selber haben und von dem sehr stark abhängt, wie wir uns »in unserer Haut fühlen«, ist zu einem ganz wichtigen und entscheidenden Teil durch die Kommentare anderer (Eltern, Lehrer, Freunde und Freundinnen) entstanden und von diesen abhängig. Wir müssen uns nicht nur mit anderen arrangieren, sondern in gewisser Weise auch so denken wie sie, zumindest müssen wir uns mit ihren Vorstellungen, besonders wenn die unsere Person betreffen, auseinander setzen. In jedem Fall dann, wenn es sich um »relevante Andere« handelt, wie George Herbert Mead, der amerikanische Sozialphilosoph, sie genannt hat. Es ist extrem schwer, sich von fremden Einflüssen auf das eigene Denken völlig frei zu machen. Und es ist noch nicht einmal ganz sicher, ob das überhaupt ein erstrebenswertes Ziel ist. Denn wenn wir unser Denken nicht gegenseitig beeinflussen könnten, dann würden sich auch gar keine Konsense bilden, die jede Gesellschaft für ihr eigenes Überleben braucht. So unangenehm, so unerträglich es gelegentlich sein kann, von anderen »mental abhängig«, ihren teilweise schädlichen Einflüssen ausgesetzt zu sein – wir müssen uns damit abfinden, wir können es nicht ändern. Und vor allem ist das eine Sache, die auf Gegenseitigkeit beruht …

Kommentare können das Selbstwertgefühl bedrohen.

Vergleiche, wenn sie gelungen sind, leisten etwas, machen etwas klar, was man vielleicht vorher so nicht gesehen hat. So wie der Vergleich der Menschen mit den Stachelschweinen. Aber jeder Vergleich stößt irgendwo an seine Grenzen. Die pieksenden Tiere haben keine Wahl: Sie müssen einander verletzen, und was ein Stich bei ihnen anrichtet, darauf haben sie keinen Einfluss. Wir Menschen haben hingegen die Möglichkeit, uns so zu trainieren, dass fremde Stacheln unsere Lederhaut allenfalls ritzen, uns aber nicht ernsthaft verletzen können. Der »Geizkragen« tat für sich und sein Selbstwertgefühl intuitiv das Richtige: Er traf sich einmal in der Woche mit seinen Freunden in der Sauna, die die Etikettierung »Geizkragen« neutralisierten, zumindest aber in ihrer Wirkung abschwächten. Seine Frau traf sich übrigens zur gleichen Zeit mit ihren Freundinnen im Bowling-Center, und die bestätigten sie darin, in ihren Bemühungen – natürlich den Mann in ihrem Sinne zu ändern! – nicht nachzulassen. Genau das ist ja auch die Funktion von *peer groups*, wie es im Englischen heißt.

»Ich sehe was, was du nicht siehst!«

Über das, was andere an uns sehen (und hören)

Wer mit anderen redet, egal worüber, redet immer auch über sich – falls er oder sie nicht völlig unbeobachtet Selbstgespräche führt. Mit anderen Worten: Man präsentiert sich vor anderen. Und das wiederum bedeutet:

In der Kommunikation mit anderen wird man von diesen anderen wahrgenommen.

Ob einem das passt oder nicht (beim »Talkshow-Syndrom«, auf das ich noch komme, ist das nicht anders). Insofern ist die oft strapazierte Redewendung von den vier Fingern, die auf einen selbst zurückdeuten, während man mit einem auf andere zeigt, nicht ganz unmotiviert. Und gar nicht einmal selten wird man anders wahrgenommen, als man sich selber sieht. Das alles mag sich ziemlich trivial anhören, aber nicht jede(r) macht sich das im manchmal entscheidenden Augenblick klar. Wer nicht gerade ein ziemlich gestörtes Selbstbild hat, der wird die Art, wie er oder sie spricht, also Wortschatz, Grammatik, Aussprache, Intonation, aber auch Mimik und Gestik kaum weiter problematisieren, sondern, falls man da überhaupt etwas an sich selber bemerkt, dies intuitiv als »irgendwie in Ordnung« ansehen. So wie jener amerikanische Student, der mir in meiner Sprechstunde, als wir ins Plaudern kamen, von seiner Tour quer durch Europa erzählte und bei dem Namen

»Emmelfei« glänzende Augen bekam. Ich sah ihn leicht verwirrt an. Das liege doch irgendwo da zwischen Neapel und Palermo. Wieso ich denn dieses Juwel von einer Küstenstadt nicht kennte. Nun dämmerte es mir: der junge Mann meinte *Amalfi*. In der Tat ein Juwel, da hatte er Recht. Seine Aussprache dieses Namens fand er in gar keiner Weise problematisch, und im Prinzip ist das ja auch ein Standardverhalten. In ganz anderen Situationen verhalten wir uns fast alle ähnlich. Wenn – ja wenn da nicht jemand (oder schlimmer noch: mehrere »jemande«) wäre, der diese Art unserer kommunikativen Selbstinszenierung

– irritierend,
– unfreiwillig komisch oder
– sonst wie befremdlich

fände. Es ergeben sich hier also Diskrepanzen zwischen dem eigenen Selbstbild und der bewertenden Wahrnehmung durch andere. Der Selbstwahrnehmung entgehen oft Dinge, die fremde Beobachtung gnadenlos aufspießt. Nun mag »aufspießen« nach Sadismus klingen, aber der muss gar nicht immer im Spiel sein. Manchmal hat die Person, die einem eine Rückmeldung über Gesehenes und Gehörtes gibt, durchaus gute Absichten. Und ihre Kommentare wirken dennoch verstörend. So ging es mir vor einigen Jahrzehnten, als ich meine ersten pädagogischen »Gehversuche« im Unterricht an meiner Universität machte und mir ohne schonende Vorbereitung erzählen lassen musste, ich hätte in meiner Aussprache einige Dialektalismen an mir, die man auch beim allerbesten Willen nicht mehr als akustische Dekoration durchgehen lassen könne. Die seien einfach »unschön«. Ich würde außerdem zu schnell sprechen und manchmal einen halben Satz herunterschlucken. Ich fühlte mich ziemlich getroffen, denn ich wähnte mich seinerzeit ziemlich auf der Höhe der deutschen Standardaussprache. Und das schnelle und gelegentlich etwas undeutliche Sprechen wäre nun wirklich das Allerletzte gewesen, was mir ohne fremde Hilfe aufgefallen wäre, denn ich selbst verstand mich immer ziemlich gut und wusste normalerweise auch halbwegs genau, was ich da gerade sagte, zumindest was ich sagen wollte. Als ich später an meinem Schreibtisch ein paar Sätze auf Tonbandkassette sprach – das hatte ich zuvor noch nie getan –, war das Ergebnis einigermaßen niederschmetternd, jedenfalls für mich.

Nun kann man zu dialektaler Färbung der eigenen Aussprache – in meinem Fall waren es »Hamburgismen« – auch eine etwas entspanntere Einstellung haben als ich seinerzeit. Einige deutsche Bundeskanzler und sonstige Spitzenpolitiker hatten bzw. haben sie durchaus –, aber das Problem ist ziemlich verbreitet, dass der eigenen Aufmerksamkeit etwas entgeht, was andere bemerken. Es ist so ähnlich wie mit dem Phänomen des »toten Winkels« beim Autofahren.

Der eigene und manchmal sehr persönliche Kommunikationsstil hat ziemlich viel mit *Egozentrik* zu tun. Genauso war es bei mir. Denn ich konnte auf Anhieb nicht verstehen, wieso andere Probleme hatten, mich zu verstehen. Wie gesagt: Ich verstand mich selbst wunderbar und wusste, was ich sagen wollte. Nur: Andere wussten es zunächst einmal nicht und waren darauf angewiesen, es durch mich und meinen Mund (und dessen störungsfreies Funktionieren) zu erfahren.

Viel Egozentrik verbindet sich übrigens auch bei gar nicht wenigen Menschen mit ihrer eigenen *Handschrift*. Die entsprechende Einstellung könnte man auch so ausdrücken:

»Ich verstehe nicht, wieso andere meine Schrift nicht lesen können, ich kann's doch auch.«

Hilfreich ist es, auch dies zeigt das Beispiel meines ersten nur halb gelungenen Auftrittes als Lehrender, man hat einen lebenden Spiegel, der so viel kritisches Wohlwollen aufbringt, dass man mit seiner Hilfe bemerkt, was der egozentrischen Selbstwahrnehmung sonst verborgen geblieben wäre. Tonband und Video sind als Ersatz zwar nicht völlig gleichwertig, aber immer noch viel besser als gar nichts.

Wenn man es genau nimmt, dann ist egozentrische Kommunikation misslungene oder nur teilweise gelungene Kommunikation. Denn wenn es richtig ist, dass Kommunikation der Prozess ist, in dessen Verlauf ich das, was zuvor nur in meinem Kopf war, anderen mitteile, es mit ihnen teile und dadurch »gemeinsam mache«, dann bleibt eben bei egozentrischer Kommunikation ganz ungeplant ein Teil davon in meinem Kopf stecken.

Was mir seinerzeit so richtig den Boden unter den Füßen wegzog, als da jemand meinen Präsentationsstil kommentierte, das war: Ich merkte, es war völlig meiner Kontrolle entzogen, wie mich jemand wahrnahm und wie diese Person mich kommentierte. Auch wenn wir ein sehr solide gezimmertes Bild von uns selbst haben – wie andere Menschen uns wahrnehmen, das können wir nicht kontrollieren. Und – gar nicht zu trennen davon – die Kommentare anderer zu unserer Person (es geht natürlich hier um die weniger schmeichelhaften) können wir auch nicht kontrollieren. Das ist eine menschliche Grunderfahrung, die manche ihr Leben lang nicht richtig verarbeiten, die ihrerseits wiederum nicht das Geringste dabei finden, andere zu kommentieren. Aber das wäre ja auch »etwas ganz anderes« …

Es ist ähnlich wie mit der Nötigung: Wir kommentieren und werden kommentiert. Allerdings müssen wir uns keinen Kommentar zu eigen machen. Der »Geizkragen« musste das ja auch nicht.

Einiges zur Unbewusstheit von Kommunikation am Beispiel von »äh«

Uns entgeht an der Art, wie wir sprechen, wie wir uns vor anderen darstellen und mit ihnen umgehen, immer etwas – manchmal sogar etwas sehr Wichtiges. Das war soeben mein Thema. Man könnte diesen Aspekt der Unbewusstheit von Kommunikation aber noch sehr ausweiten. Ich will es mit einigen Hinweisen genug sein lassen.

Ich gehe in ein PC-Fachgeschäft und erkundige mich dort nach Peripheriegeräten, die sowohl USB als auch eine Parallelschnittstelle haben, weil mein Computer mittlerweile von der stürmischen Entwicklung auf diesem Sektor unaufhaltsam ins technologische Abseits gedrängt worden ist. Ich konzentriere mich also auf die Begriffe »Tintenstrahldrucker«, »TFT«, »USB« und »Parallelschnittstelle«. Ich spreche diese mit voller Absicht aus, weil ich dem/der Verkäufer/in etwas Bestimmtes sagen möchte. Würde ich bei dem Verkaufsgespräch einen Kassettenrecorder mitlaufen lassen, könnte ich hinterher wahrscheinlich feststellen, dass ich drei- oder fünfmal »äh« gesagt habe – mein Gegenüber möglicherweise auch. Ich habe mir aber nicht fest vorgenommen zu sagen: »Jetzt will ich ›äh‹ sagen«, so wie das bei dem Wort »Tintenstrahldrucker« der Fall war. Das wäre eine ziemlich absurde und lächerliche Vorstellung. Dieses mehrfach wiederholte »äh« ist meiner Aufmerksamkeit völlig entgangen, der sympathischen Verkäuferin ihr eigenes vermutlich auch. Und hätte ich sie aus linguistischem Interesse heraus gefragt – das Letzte, was ich tun würde! –, was ihr »äh« wohl bedeutet, hätte sie wahrscheinlich an meinem Verstand gezweifelt. »Äh« findet sich sogar in neueren Wörterbüchern der deutschen Sprache; das nur nebenbei, aber auch nicht völlig unwichtig. Dieses »Wort« (ist es überhaupt eins?) ist übrigens auch keine »dumme Angewohnheit«, wie in rhetorischen Standardratgebern gerne behauptet wird, sondern es hat folgende Funktion: Wer es benutzt, will damit ungefähr Folgendes ausdrücken:

»Ich bin noch ›auf Sendung‹, auch wenn ich in diesem kurzen Moment nichts Rechtes zu sagen habe.«[10]

So wie dieses »äh« gibt es noch eine ganze Reihe weiterer Wörter der deutschen Sprache, die wir völlig unbewusst (richtig) benutzen, deren Verwendung wir aber niemandem erklären können, schon gar nicht einem Chinesen etwa, der dabei ist, Deutsch zu lernen. Zum Beispiel die Modalpartikeln. »Ruf *doch mal* an!« So lautet der hinlänglich bekannte Slogan der Deutschen Telekom. Warum ist der mit »doch« und »mal« angereichert? Was sollen die? Und warum heißt es nicht einfach: »Ruf an!«? Die Aufforderung hätte den gleichen Inhalt. Wieso gibt in der Frage: »Haben Sie *überhaupt* Abitur?« (Franz Josef Strauß in einer Wahlveranstaltung an jemanden, dessen Frage ihm nicht schmeckte) der Partikel »überhaupt« dieser Frage erst ihre beleidigende Schärfe?[11]

Wörter wie »äh« sind keineswegs eine »dumme Angewohnheit«.

Auch die Regeln unserer deutschen Grammatik benutzen wir ja mehr oder minder korrekt, vielleicht sogar ohne zu wissen, dass es sie überhaupt gibt. Wir wissen oft nicht oder nicht genau, weshalb wir bestimmte Redewendungen benutzen, aber wir verwenden sie treffsicher. Andere tun es auch und treffen uns mit ihren verbalen Wurfgeschossen, so dass wir uns nicht wehren können. Gleiches gilt für die Spielregeln der Alltagskommunikation. Wissen Sie, weshalb Sie eine Frage beantworten, obwohl Sie die eigentlich gar nicht beantworten wollten, und sich dann ärgern, wenn Sie es doch getan haben?

Ich behaupte: Wir kommunizieren erfolgreicher, wenn wir wissen, »was läuft«, wenn wir begreifen, wie welche Spielregeln funktionieren, warum wir kommunikativ so handeln, wie wir handeln. Dabei hat es gewiss nicht die allererste Priorität, ob wir durchschauen, was Modalpartikeln wie »doch, mal, ja, schon, nur, überhaupt« und viele andere bedeuten. Wenn wir jedoch begreifen, wie bestimmte manipulative Tricks funktionieren, wo die Fallen aufgestellt sind, in die wir hineinlaufen sollen, dann bringt uns das erheblich mehr.[12] Das, was mehr oder minder unbewusst abläuft, kann man sich bewusst machen. Man kann lernen, das zu kontrollieren, was sich der Selbstkontrolle entzieht. Das ist auch das Ziel dieses Buches.

Auch das Folgende hat mit Unbewusstheit, aber ebenso mit (mangelhafter) Kontrolle etwas zu tun.

»Erst denken, dann reden!« oder: «Denk erst nach, bevor du was sagst!«

So die O-Töne verschiedener meiner Lehrer. Auch Karl Lagerfeld musste sich im zarten Alter von sechs Jahren von seiner Mutter den Spruch anhören:

»Überleg dir gut, was du sagst! Du bist sechs Jahre alt, aber wir sind es nicht.«

Das ist alles schon einige Zeit her, aber ganz aus der Mode scheinen solche Sprüche noch nicht gekommen zu sein – zumindest gilt das für die Vorstellungen, die hinter ihnen stecken. Ich hörte vor kurzem, wie ein Freund einen gemeinsamen Bekannten so charakterisierte:

»Der redet auch erst und denkt dann.«

Aber kann man das überhaupt: »Erst denken, dann reden«? Entspricht das überhaupt der Realität unseres Denkens? Einer unserer deutschen Klassiker, Heinrich von Kleist, hat das offenbar überhaupt nicht so gesehen, schrieb er doch einen immer noch höchst lesenswerten Essay mit dem heute zugegebenermaßen etwas umständlich anmutenden Titel: »Über die allmähliche Verfertigung der Gedanken beim Reden«. Kleist ist, wenn ich das richtig sehe, als erster auf ein Phänomen aufmerksam geworden, das in der heutigen Linguistik »Sprechdenken« genannt wird. Der zentrale Gedanke in dem Essay von Kleist ist der:

Das Sprechen bringt die Gedanken oft überhaupt erst hervor.

Sicherlich nicht alle Gedanken. Denn natürlich überlegen wir uns vor einer Besprechung, was »das Thema« ist, wenn wir zum Arzt oder zum Rechtsanwalt gehen, um ein Problem zu klären. Wir machen uns im Vorhinein klar, was überhaupt »zur Sprache kommen« soll. Wer sich, wie es die Redewendung sagt, »um Kopf und Kragen redet«, der hat hier offensichtlich des Guten zu wenig getan. Zwei Dinge entziehen sich jedoch mehr oder weniger komplett allen vorherigen Planungen:

- unsere sprachliche Gestaltung, das heißt die Wortwahl und die grammatische Struktur unserer Sätze;
- unsere Spontaneinfälle beim Sprechen.

Beides zeigt uns, dass Sprechen immer auch Improvisation ist und sich durch keinerlei »Vorherbedenken« unter Kontrolle bringen lässt. Das soll trotzdem nicht heißen, dass wir das kontrollierende Denken ausschalten müssten. Denn es könnte verhängnisvoll sein, wenn wir dies täten. Aber wo hat denn nun das »Denken« seinen Platz beim Sprechen? Man denkt nicht nur vorher, wenn man sich überlegt, was das Thema sein soll. Das Denken muss das Sprechen begleiten – und es muss hinterher »Bilanz ziehen«.

Diese beiden Forderungen lassen sich auch in einem Katalog von Fragen auffächern:

- Wird dem/der anderen klar, was ich sagen will?
- Wie reagiert er/sie auf das, was ich sage?
- Sage ich im gegenwärtigen Augenblick überhaupt das, was ich sagen will?
- Wollte ich das sagen, was ich da gesagt habe?
- Habe ich das für mich behalten, was ich nicht sagen wollte? Mit anderen Worten: Habe ich mich nicht »verraten«?

Solchen Fragen kommt so etwas wie eine strategische Bedeutung in der Kommunikation zu. Sie steuern unser Gesprächsverhalten – oder sollten es wenigstens tun. Die letzte von ihnen lässt sich auch auf den Begriff der »Informationskontrolle« bringen. Wir sagen ja nicht alles, was uns durch den Kopf geht. Zumindest empfiehlt sich das nicht, es sei denn, wir liegen gerade auf der Couch des Psychoanalytikers. Einen Teil unserer Gedanken behalten wir normalerweise für uns, und dafür sorgt eine Art »innerer Zensur«. Die fällt unter anderem auch die Entscheidung darüber, ob wir einen Sachverhalt, nach dem wir gefragt werden und für den auf gar keinen Fall eine Bestätigung über unsere Lippen kommen darf, einfach bestreiten (zu Deutsch: »leugnen«) oder sonstwie verhüllend mit ihm umgehen. Eine falsche Entscheidung oder auch nur ein Moment der Unaufmerksamkeit können sich hier verhängnisvoll auswirken.

So kostete es einmal den Topmanager eines deutschen Konzerns seinen Job, als er von einem Journalisten telefonisch gefragt wurde, ob ein bestimmter Sachverhalt, dessen Bekanntwerden dem Unternehmen alles andere als angenehm sein musste, zutreffe oder nicht. Die Reaktion: Nein, an der Sache sei überhaupt nichts dran. Die Medien in der westlichen Welt finden allerdings sehr schnell heraus, ob jemand die Wahrheit sagt oder ob er/sie das Blaue vom Himmel herunter schwindelt. Und das, was jener Manager geantwortet hatte, war von der Wahrheit ein ganzes Stück weit entfernt. Der Mann hätte zu einer jener defensiven Standardformeln greifen können, wie etwa der: »Wir reden nicht mit jedem« oder: »Gerüchte kommentieren wir grundsätzlich nicht.« Es war ein Moment der Unbedachtheit …

Nun aber zur Überschrift dieses Kapitels. In den Nachmittags-Talkshows der öffentlichen und privaten Fernsehstationen hat schon manche(r) sich seelisch bis auf die Haut entblößt. Hinterher wurde ihm oder ihr dann – wahrscheinlich mit mehr oder weniger unerbetener Hilfe der Familie und der Freunde – auf ziemlich drastische Weise klar gemacht, was er/sie da zum Besten gegeben hatte. In mehreren Fällen mussten dann Psychotherapeuten eingeschaltet werden, um die so entstandene seelische Schieflage wieder in die Senkrechte zu bringen. Und so kommt das »Talkshow-Syndrom« zu seinem Namen.

Ja, und?

Vielleicht haben Sie sich diese Frage beim Lesen der Kapitel zuvor gestellt, als es um Kommentare, Benennungen, Bewertungen und um (teilweise unfaire) Vergleiche ging. Was sollen Sie damit? Was hilft es Ihnen? Hilft es Ihnen überhaupt?

Einiges von dem, was wir gesehen haben, ist so, wie es ist. Wir können es nicht ändern. Wir können es nicht ändern, dass andere kommentieren, was sie wollen, beispielsweise unsere Person. (Dass das anderen mit uns genauso geht, ist ja nicht unser Problem …) Etwas ganz Wichtiges jedoch können wir ändern, nämlich *wie wir damit umgehen.* Denn wenn unsere Sprache die Realität nicht nur abbildet, sondern sich auch ihre eigene Realität schafft, wenn jeder und jede – Sie und ich und noch ganz andere – die Freiheit haben, den Dingen des Lebens ihr Etikett aufzukleben, dann bedeutet diese *Freiheit* immer auch ein Stück *Unverbindlichkeit.*

> Wer sich getroffen fühlt, muss sich fragen, weshalb er sich treffen lässt.

Wer seinen Vereinskameraden ein »Weichei« nennt, der darf das zunächst einmal – wobei ich davon ausgehe, dass dies noch keine Beleidigung im Sinn des Strafgesetzbuches ist. Wer so etikettiert wird, muss sich überlegen, wie er sich zu dieser Etikettierung stellt. Was übrigens nicht ganz leicht ist, denn es braucht eine gewisse Bereitschaft, sich von seiner eigenen Emotionalität zu distanzieren. Anders ausgedrückt: Wer sich getroffen fühlt, muss sich fragen lassen, weshalb er oder sie sich treffen lässt. Jetzt jedoch wird es eine Umdrehung schwieriger: Manche Etiketten werden einem nicht direkt aufgeklebt, sondern verstecken sich hinter Unterstellungen. Der Ausdruck »Falle« ist hier durchaus nicht fehl am Platz.

»Warum sind Sie so nervös?«

Wer eine solche Frage so annimmt, wie sie kommt, also beantwortet, der oder die hat schon verloren. Denn wer diese Frage stellt, tut so, als sei die Nervosität eine ausgemachte Tatsache, über die es gar keine Verhandlungen, sprich: Diskussionen mehr geben kann. Meine Antwort auf die Frage *Ja, und?* lautet deshalb so:

Fremde Bewertungen und Etikettierungen, besonders solche, die sich auf unsere Person beziehen, sollte man sich nicht als Tatsache verkaufen lassen. Je näher einem die »Etikettierer« stehen, desto schwerer ist diese Empfehlung allerdings umzusetzen.

Teil III

Argumentation

Was soll uns Aristoteles?

Eine rhetorische Frage – was sonst. Andernfalls hätte ich kaum seine Definition des Menschen als »politisches Lebewesen« an den Anfang meiner Überlegungen gestellt. Als ich zum ersten Mal die »Rhetorik« des Aristoteles las, war ich erstaunt, wie aktuell dieser antike Philosoph gerade in diesem Werk ist. Nebenbei: Aristoteles starb 322 v. Chr. Die Zeit seines Wirkens liegt also mehr als 2.300 Jahre zurück. Es geht mir weniger um die Feststellung, dass er »uns Heutigen noch etwas zu sagen hat«. Er hat vielmehr festgehalten, wie wir denken, genauer gesagt, wie wir denken, wenn wir uns mit Hilfe der Sprache gegen andere abgrenzen. Das heißt: *wie wir argumentieren*, welche Argumente gültig sind. Täuschen wir uns nicht! »Argument, argumentieren» und »Argumentation« sind nicht von so alltagsferner Abgehobenheit, wie diese Begriffe vielleicht klingen. Einen Teil unseres Alltags, denjenigen nämlich, den wir mit anderen Menschen verbringen, sind wir hauptsächlich mit dem Argumentieren beschäftigt – auch wenn es gar nicht danach aussieht bzw. sich danach anhört. Immer dann nämlich, wenn wir Behauptungen aufstellen oder Forderungen auf den Tisch legen, die unser(e) Partner(in) überhaupt nicht oder nicht so ohne weiteres akzeptiert, müssen wir argumentieren. Wir argumentieren sogar dann, wenn wir in Entscheidungssituationen mit uns selber sprechen und uns eine bestimmte Option selber *plausibel machen.*

Manfred Kienpointner hat dies so ausgedrückt:

»Im Begründen strittiger faktischer oder normativer Aussagen liegt also das Wesen argumentativer Behauptungen. Dass es dabei um Strittiges geht, unterscheidet argumentative Behauptungen bzw. Argumentieren von anderen, ansonsten ähnlichen Behauptungen ...«
(Kienpointner, 1983, S. 81f.)

Wenn eitel Harmonie herrscht und alle sich einig sind, dann müssen wir nicht argumentieren. Wir argumentieren – und dies möge als Ergänzung zu der eben zitierten Passage verstanden werden – allerdings nicht nur, wenn eine Sache bereits strittig ist, sondern wenn sie strittig sein könnte.[13] Und dies auch gegenüber Menschen, mit denen wir uns hier und jetzt völlig einig sind:

In der ZDF-Vorabend-Soap »Herzschlag« (30.11.1999) erzählt eine Mutter einer Arbeitskollegin, die ihr zustimmend und voller Anteilnahme zuhört, von ihrem 13-jährigen Sohn, der mit Pornoheften auf dem Schulhof gehandelt haben soll und deshalb Probleme mit der Schulleitung bekommen hat. Das darf natürlich nicht wahr sein, und so fragt sie ihre Kollegin: »Wo soll er sie denn her haben?« Die Mutter stellt eine rhetorische Frage, deren interne Logik so aussieht: Er hat die Pornos nirgendwoher, also hat er sie auch nicht, also ist auch der Vorwurf gegenstandslos.

Wir argumentieren, wenn eine Sache strittig ist oder sein könnte.

Argumentation erscheint sogar dort, wo man sie nun überhaupt nicht vermutet. Die Geschichte des abendländischen Trinkliedes beispielsweise ist voller Argumentation. Falls

Sie das nicht glauben, dann schauen Sie sich bitte einmal die beiden folgenden Zeilen an:

»Juppheidi und juppheida!
Schnaps ist gut für die Cholera …«

Das ist eine sachliche Behauptung im Kontext einer ansonsten implizierten Argumentation (»Ich trinke Schnaps, weil er Bakterien killt und mich deshalb gesund hält«).

Ebenso oft, wie der etwas ausgiebigere Konsum von Alkohol bekämpft wurde, musste er von denjenigen, die von ihm nicht lassen wollten oder konnten, gerechtfertigt werden, und sei es auch nur in scherzhafter Form (hier mit dem Verweis auf seine gesundheitsförderliche, sprich: desinfizierende Wirkung).

Wir argumentieren, dies nebenbei bemerkt, oft ohne uns darüber im Klaren zu sein. Für die folgenden ziemlich banalen Beispiele erscheint uns der Ausdruck »Argument« wahrscheinlich zu hoch gegriffen, und doch ist er angezeigt:

- »Fängst du schon wieder damit an?!«
- »Diesen Menschen, der keiner Fliege was zu Leide tut, muss ein solcher Schlag treffen!«
- »Was willst du denn, du rauchst ja selber!«
- »Mir erzählt ja keiner was!«

Möglich, dass Sie zweimal hinschauen müssen, um hinter diesen Standard-Redewendungen so etwas wie eine Argumentation zu erkennen. Denn das ist typisch für unsere Alltags-Kommunikation:

Unsere Argumente erscheinen nicht selten nur in rudimentärer Form und müssen interpretiert werden.

Betrachten wir diese Beispiele aus der Nähe:

- *»Fängst du schon wieder damit an!«*
  Dahinter steht die Forderung, man möge Vergangenes vergangen sein lassen und bereits Erledigtes nicht wieder aufwärmen. Wer dies dennoch tut, setzt sich einem entsprechenden Vorwurf aus und damit sich selbst ins Unrecht.
- *»Diesen Menschen, der keiner Fliege was zu Leide tut, muss ein solcher Schlag treffen!«*
  Jemand, der »niemandem etwas getan hat«, gehört zur Kategorie »unschuldiges Opfer« (anderer Menschen oder des Schicksals). Was auch immer ihn trifft, es ist unverdient, und niemand hat das Recht zu sagen: »Recht geschieht ihm/ihr«. Anders gesagt: Unverdiente Aggressionen/Schicksalsschläge sichern Betroffenheit der Außenstehenden. Im ersten der beiden Fälle erhöht dieser Topos die Verwerflichkeit der Tat.
- *»Was willst du denn, du rauchst ja selber!«*
  Dahinter steht die Forderung: Jede(r) sollte sein Reden und Handeln möglichst in Übereinstimmung bringen. Ehe man andere zu einem bestimmten Verhalten auffordert, sollte man dieses Verhalten an sich selber erkennen lassen.
- *»Mir erzählt ja keiner was!«*
  Was sich vordergründig wie eine Klage oder Beschwerde anhört, ist in Wirklichkeit eine Rechtfertigung (also auch eine Argumentation) oder lässt sich als eine solche

benutzen. Auf die Kurzformel gebracht: »Nichts gewusst, nichts gemusst.«

Dass Argumente oft in versteckter Form erscheinen und verwendet werden, zeigen diese Beispiele, wie ich finde, recht deutlich. Aber was macht ein Argument überhaupt zu einem Argument? Wieso gilt es, wieso wird es akzeptiert? Nehmen wir ein völlig absurdes Beispiel:

»Du sollst mich lieben, weil der Himmel blau ist.«

Im Augenblick mag ja wirklich kein Wölkchen die Sonne verhüllen, aber was hat das mit der Liebe zu tun? Eine wahre Tatsachenbehauptung (der Himmel ist blau) allein taugt noch nicht zu einem Argument. Und eine zutreffende Feststellung ist noch lange keine Antwort auf eine Frage. Damit eine solche Tatsachenbehauptung als Argument gilt, d.h. von anderen als Argument akzeptiert wird, muss sie durch eine weitere Behauptung, über die ein sozialer Konsens besteht, gestützt werden. Das mag etwas umständlich und abstrakt klingen, ist aber eigentlich sehr einfach:

»Mir erzählt ja keiner was!«

Dahinter steckt – und das springt wahrscheinlich nicht gerade in die Augen – eine Abfolge von drei Gedankenschritten. Zwei davon müssen ergänzt werden, damit das Ganze überhaupt eine sinnvolle Äußerung ist:

1. »Mir erzählt ja keiner was!«
   (= Ich werde nie informiert. (Behauptung))
2. Nur wer informiert ist, kann bzw. muss handeln.
   (Zwischenschritt, muss ergänzt werden)

3. Also: Ich stehe in keiner Pflicht, etwas zu tun.
   (Schlussfolgerung, muss ergänzt werden)

Vielleicht kommt Ihnen dieser gedankliche Dreischritt bekannt vor aus der Logik. Dort läuft er unter der Bezeichnung »Syllogismus«:

1. Alle Menschen sind sterblich.
2. Sokrates ist ein Mensch.
3. Also ist auch Sokrates sterblich.

Dieser Verweis mag im Augenblick genügen. Auf die Unterschiede zwischen logischen und rhetorischen Schlüssen (zu letzteren gehört das zuvor analysierte Beispiel) möchte ich hier nur so weit eingehen, als *logische* Schlüsse, sofern korrekt durchgeführt, unwiderleglich sind. *Rhetorische* Schlussfolgerungen lassen sich jedoch widerlegen. Ich muss Sie allerdings um etwas Geduld bitten, Beispiele dafür folgen.

Kommen wir zunächst noch einmal zurück auf:

»Mir erzählt ja keiner was!«

Hier wird nur das Argument (»Mir erzählt ja keiner was!«) ausdrücklich genannt, nicht jedoch die Schlussfolgerung (»Ich bin zu nichts verpflichtet«) und ebenso nicht dasjenige Element, das allein die Kraft hat, dem Argument zu seinem Status als einem solchen zu verhelfen (»nur wer informiert ist, kann/muss handeln«). Ich habe dieses Element noch ganz provisorisch »Zwischenschritt« genannt. Ein solcher fehlte übrigens bei: »Du sollst mich lieben, weil der Himmel blau ist.« Dieses Fehlen macht auch die Absurdität jenes Beispiels aus. Der »Zwischenschritt« in: »Mir erzählt ja keiner was!« (»nur wer informiert ist, kann bzw. muss handeln«) ist eine allgemein verbreitete Überzeugung, aus der heraus sich Argumente für einen speziellen Konfliktfall gewinnen lassen. Auch die anderen Beispiele enthalten implizit solche »Zwischenschritte«:

– »Du sollst mir keine Vorträge über die Schädlichkeit des Rauchens halten« (Schlussfolgerung), – (weil) »Du ja selber rauchst« (Argument).
  Als Argument wäre hier absolut untauglich:

»Weil deine Nase schief gewachsen ist« oder: »Weil deine Ohren abstehen« (auch wenn beide Beobachtungen absolut korrekt sein sollten). Als Zwischenschritt ist hier nur eine Kollektivüberzeugung, ein sozialer Konsens tauglich, der Argument und Schlussfolgerung miteinander verbindet und das Argument zu einem solchen überhaupt erst macht:

»Wer anderen ein bestimmtes Handeln nahe legt bzw. davon abrät, sollte selbst mit gutem Beispiel vorangehen.«

Einen solchen gedanklichen Zwischenschritt, der in Alltagsargumentationen oft gar nicht explizit gemacht wird, nennt man seit Aristoteles einen »Topos«. Das Wort bedeutet eigentlich »Platz« oder »Ort« und kehrt wieder in unserem Ausdruck »*Gemeinplatz*«, im englischen »*common place*« oder im französischen »*lieu commun*«. Was das Wort »Platz« oder »Ort« in unserer Argumentation zu suchen hat, ist etwas umständlich zu erklären. Ich habe das an anderer Stelle getan.[14]

In unserer Alltagsargumentation gibt es zahlreiche *Topoi*. Das ist der altgriechische Plural, den wir zumindest in der Fachliteratur auch heute noch benutzen, denn »Toposse« – das klingt nun wirklich nicht! Dass es so viele sind, diese Topoi, ist uns wahrscheinlich gar nicht so recht bewusst, denn sie werden beim Argumentieren, wie bereits gesagt, meist nicht auf den Tisch gelegt, sondern entfalten ihre Wirkung still im Hintergrund.[15] Das haben wir an dem Beispiel »Mir erzählt ja keiner was!« ziemlich deutlich gesehen. Außerdem: Sie haben – zumindest in unserer Alltagsargumentation – keine Namen. Wir können uns deshalb – wiederum im Alltag – nicht oder nur sehr schwer auf sie beziehen, und auch deswegen ist es uns meist nicht klar, dass wir sie verwenden.

Man kann ihnen aber leicht einen Namen geben, abgesehen davon, dass diverse von ihnen bei Fachleuten auch unter einem Namen bekannt sind. Die zugrunde liegenden Topoi in den Beispielen vom Mann, der keiner Fliege was zu Leide tun konnte, sowie in: »Was willst du denn, du rauchst ja selber!« könnte man den »Topos des unschuldigen Opfers« bzw. den »Topos der Authentizität« nennen.

Einige Topoi unserer Argumentation im Alltag wollen wir uns in Kürze etwas genauer ansehen.

»Muss ich schon wieder was begründen?!«

Ich habe bis jetzt unterstellt, dass *Argument* und *Argumentation* ihre Daseinsberechtigung im täglichen Leben haben. Aber vielen Menschen (mir selber oft genug auch) ist es ausgesprochen lästig, argumentieren zu müssen. Wieso muss man, muss ich, müssen Sie überhaupt argumentieren? Geht es nicht auch ohne?

Die ziemlich verbreitete Unlust zu argumentieren fasst das folgende Zitat prägnant zusammen:

»Wir sind häufig alles andere als glücklich, wenn wir nach längerem Austausch von Argumenten zu Konklusionen gelangen, die unseren spontanen Gefühlen widersprechen, die uns zur Aufgabe lieb gewordener Auffassungen zwingen, die uns in Konflikte mit Kollegen, Partnern und Freunden bringen oder uns Triebverzicht abverlangen. Nicht weniger unglücklich sind wir bisweilen, wenn unsere Argumente sich bei näherem Hinsehen als nicht stichhaltig erweisen. Unsere ungeprüften Intuitionen sind da meist erheblich gnädiger; ihnen folgen wir in der Regel weit lieber als nüchternen Argumenten, die nur allzu oft ›bittere Wahrheiten‹ produzieren, oder gar einer Kritik, die uns zwingt, misslungene Argumente von neuem zu durchdenken.«

(Klaus Bayer, Argument und Argumentation, S. 50)

Wenn »alles klar« wäre, müssten wir nicht argumentieren.

Es gibt auch genügend Situationen, in denen eine Diskussion absolut überflüssig ist, in denen man nichts rechtfertigen muss. In denen die Dinge so sind, wie sie sind. Wo alle anderen Optionen ausgeschlossen sind:

- dass man bei Regen einen Schirm braucht oder wetterfeste Kleidung, wenn man nicht nass werden will;
- dass der Pkw-Motor sowohl Benzin/Diesel als auch Schmieröl braucht;
- dass bei einer Blinddarmentzündung eine Operation angezeigt ist.

Viele Situationen des Lebens sind aber nicht von dieser Art. Vor allem sind sie nicht so einfach. Komplizierter (und deshalb kontroverser) sind besonders zwei Bereiche des täglichen Lebens: *Bewertungen* und die *Zukunft*. »Zukunft« – das heißt meist nichts anderes als *Entscheidungen* treffen. In Entscheidungssituationen gilt es, die aussichtsreichste der zur Verfügung stehenden Optionen zu finden. Und dazu braucht man, wenn man nicht gerade mit sich allein ist, Argumentation.

Auch eine nur begrenzt rekonstruierbare Vergangenheit gehört zum Komplex des Argumentationsbedürftigen, wie jeder weiß, der einmal die Berichterstattung über einen Indizienprozess in der Zeitung verfolgt hat.

»Ich habe doch nur das Beste für dich gewollt.«

Mit diesem Standardargument müssen oft Eltern in Auseinandersetzung mit ihren heranwachsenden oder bereits erwachsenen Kindern sich selbst und ihre Erziehungspraktiken rechtfertigen. Ihr Nachwuchs hat in entsprechenden Konflikten häufig ganz andere Vorstellungen von dem, was für ihn bzw. sie »das Beste« ist oder gewesen wäre. »Das Beste für seine Kinder« – dieser Gedanke schließt gleich zwei der oben genannten Komplexe ein, *Bewertungen* und die *Zukunft*. Denn »das Beste«, was man gewollt hat, wird sich erst später als solches erweisen – oder eben nicht. Viele Kontroversen zwischen Menschen entstehen aus unterschiedlichen Annahmen über die Zukunft, das heißt über das, was einmal sein wird und was man deshalb tun sollte.[16] Vielleicht schlagen Sie einmal den Wirtschafts- oder Finanzteil Ihrer Tageszeitung auf! Sie finden vehemente Plädoyers sowohl dafür, dass man jetzt »wieder in Aktien einsteigen« sollte – und genau die gegenteilige Auffassung, nämlich dass dies eine todsichere Verarmungsstrategie sei.

Unterschiedliche Bewertungen und unterschiedliche Annahmen über die Zukunft, das heißt nichts anderes, als dass wir jeder und jede Einzelne in verschiedenen Vorstellungswelten leben. Wenn wir nicht täglich Krieg gegeneinander führen wollen – teilweise tun wir das ja auch –, dann müssen wir versuchen, uns irgendwie zu einigen, uns vielleicht auch durchzusetzen oder einen Kompromiss auszuhandeln. Und dafür brauchen wir Argumente, aber auch die Bereitschaft und die Fähigkeit, uns mit den Argumenten anderer auseinander zu setzen. Und das wiederum bedeutet: *fremde Argumente zu gewichten und sie gegebenfalls zu kontern.*

Wir müssen argumentieren, auch wenn uns der Sinn überhaupt nicht danach steht. Und wir argumentieren oft auch dann, wenn wir es gar nicht merken. Erinnert sei noch einmal an das Trinklied mit dem Schnaps und der Cholera. Beim Argumentieren geht es auch nicht allein darum herauszufinden, wo die besseren Argumente sitzen. Das ist eine ziemlich verbreitete, allerdings auch ziemlich idealistische Vorstellung. Argumentation ist meist auch ein Machtspiel:

»*Wer für ein bestimmtes Urlaubsziel, für eine bestimmte Anschaffung, für die Wahl eines bestimmten Restaurants oder für eine bestimmte Tagesplanung plädiert und sich schließlich durchsetzt, besetzt damit – selbst wenn er tatsächlich die besseren Argumente vorgebracht haben sollte – unvermeidlich zugleich strategisch wichtige Positionen für das weitere Zusammenleben.*«

(Klaus Bayer, Argument und Argumentation, S. 67)

Zu diesem Zitat, das die Problematik auf den Punkt bringt, nur ein knapper interpretativer Kommentar: Wer sich einmal durchsetzt,[17] der hat schon mal eine gute Ausgangsposition für weitere Auseinandersetzungen, in denen wieder argumentiert werden muss. Leider müssen wir argumentieren, wenn wir nicht auf die Dauer ins Hintertreffen geraten wollen, aber wir tun es sowieso, auch wenn wir es gar nicht merken. Womit die Frage der Kapitelüberschrift wohl beantwortet wäre.

Haben Sie schon einmal versucht, auf Sprüche wie die oben genannten etwas zu erwidern, also etwa auf: »Mir erzählt ja keiner was!« oder auf: »Was willst du denn, du rauchst ja selber!«? Und waren Sie mit Ihrem Konter zufrieden? Falls ja: Bravo! Ich bin mir in diesem Fall allerdings nicht ganz sicher, ob Ihnen dieses Buch noch sehr viel Neues bringen wird. Sie können doch schon (fast) alles. Wahrscheinlich aber sind Sie eine Ausnahme, denn nach meinen Beobachtungen tun sich die meisten mit dem Konter nicht selten etwas schwer. Und das ist leicht zu erklären, denn eine topische Argumentation hat meist eine erstaunliche Wirksamkeit an sich. Der Topos ist so etwas wie eine Trumpfkarte, die sticht, obwohl sie normalerweise gar nicht auf den Tisch gelegt wird. Die etwas ausführlicher analysierten Beispiele oben zeigten das. Diese Trumpfkarte sticht deshalb, weil wir alle oder wenigstens die meisten von uns Topoi wie die folgenden intuitiv als stimmig akzeptieren:

- Ein unschuldiges Opfer hat Mitleid verdient.
- Nichts gewusst, nichts gemusst.
- Bevor man andere belehrt, sollte man selbst mit gutem Beispiel vorangehen.

Einen Satz kontern, der gar nicht offen gesagt wird und von dem man selbst überzeugt ist, wenn er offen artikuliert würde, das ist doppelt schwierig. Deshalb bekommen diejenigen oft Recht, die topisch argumentieren: Ihre Argumente werden ja von ihren Gegnern/Gegnerinnen selber als gültig akzeptiert. Ich sagte oben aber schon, dass eine rhetorische Schlussfolgerung samt dem Topos, der ihre Grundlage ist, sich eben doch widerlegen lässt. Zumindest zwei Kostproben an dieser Stelle:

»Nichts gewusst, nichts gemusst«. – »Du hättest dich ja mal selber informieren können.«

»Was willst du denn, du rauchst ja selber.« – »Auch wenn ich selber rauche, Rauchen wirkt trotzdem nicht gerade lebensverlängernd.«

Topoi gibt es viele. So viele, dass ich mich hüten werde, sie alle aufzuzählen. Aber die wichtigsten möchte ich Ihnen doch vorstellen, weil ich es immer wieder ausgesprochen faszinierend finde, zu sehen, mit welcher schlafwandlerischen Sicherheit wir Trümpfe und Joker ausspielen, ohne dass uns das so recht klar ist. Das Seltsame dabei ist: Wenn wir uns durchgesetzt haben, ist uns meist nicht so richtig klar, weshalb. Umgekehrt genauso, wenn uns in der Situation des/der Unterlegenen die Sprache wegbleibt. Es hat jedoch ganz einfach gewisse Vorteile, wenn man seine »Waffen« (die rhetorischen natürlich!) und deren Wirkungsweise kennt. Und abgesehen davon: Wenn man öfter in der Situation ist, dass man solche Trümpfe bedienen müsste, aber einem leider nur nichts einfällt, dann ist das wenig lustig. Aber dem lässt sich abhelfen.[18]

»Das machen wir immer so!«

Der »Topos des Normalen«

- Freitags gibt es Fisch.
- Die Bäckereien öffnen morgens um 6 Uhr.
- Im Orient isst man nur mit der rechten Hand.
- Zu Silvester krachen die Böller.
- Meine S-Bahn fährt stadteinwärts im Zehn-Minuten-Rhythmus auf 02, 12, 22 usw.
- Während ich morgens unter der Dusche stehe, ist meine Kaffeemaschine in Betrieb.
- Richter und Anwälte tragen bei Gerichtsverhandlungen eine schwarze Robe.
- Die Haushaltsdebatte im Bundestag nutzt die Opposition zu einer Generalabrechnung mit der Politik der Bundesregierung.
- Bevor die Römer in den Krieg zogen, opferten sie den Göttern, um sie gnädig zu stimmen.

Diese Beispiele, zu denen Ihnen sicherlich noch eine Vielzahl weiterer einfällt, zeigen, dass Gesellschaften ebenso wie Individuen ihr Alltagsleben so organisieren, dass es Merkmale von Wiederholung zeigt und dadurch berechenbar wird, denn auf Ereignisse bzw. Vorgänge, die sich wiederholen, kann man sich einstellen. Ohne Institutionen und Standardisierungen können beide, größere und kleinere soziale Gruppen ebenso wie Individuen, mit einiger Wahrscheinlichkeit nicht überleben. Natürlich überlebt man, wenn man freitags etwas anderes isst als Fisch oder am letzten Tag des Jahres keine Raketen abfeuern würde, aber es geht hier nicht um einzelne Beispiele, sondern um eben dieses Prinzip. Nun ist das so genannte Normale in der Organisation von Gesellschaften ebenso wie im Verhalten von Individuen nicht nur etwas, was man zählen und statistisch auswerten kann, es hat auch eine Qualität: *Das Normale gilt als richtig.*

Das Recht, um das Richter, Staatsanwälte und Rechtsanwälte gemeinsam ringen, wäre nicht weniger Recht, wenn die beteiligten Personen im Jogginganzug auf ihrer beruflichen Bühne agieren würden. Aber im Sinn der Institution »Gericht« wäre dieses Verhalten »falsch«, weil es eben von dem abweicht, was als normal gilt. Mit dem, was für eine soziale Gruppe oder eine Einzelperson *normal* ist, das heißt zu ihrem Verhaltensstandard gehört, mit diesem Normalen also wird argumentiert. Es liefert uns einen Topos, den »Topos des Normalen«, wie ich ihn nennen möchte. In der Alltagsargumentation kommt er in zahlreichen Varianten vor, dem aber immer ein und derselbe Gedanke zugrunde liegt: Das, was man immer macht, also das *Normale*, ist auch das *Richtige*. Die Verneinung gilt in gleicher Weise: Etwas Bestimmtes nicht oder nie zu machen, ist auch *normal und deshalb richtig.*

Das Normale gilt als »das Richtige«.

Die häufigsten Varianten dieses Topos in unseren täglich gebrauchten Standardredewendungen sind diese:

– »Das mache ich immer so.«
– »Das haben wir noch nie gemacht.«

- »Das ist bei uns nicht üblich.«
- »Ich schlafe nicht schon am ersten Abend mit einem Mann/einer Frau.«

Das Ziel der Argumentation ist eigentlich immer das gleiche: Es gilt ein entsprechendes Ansinnen, das heißt eine Aufforderung oder ein Verbot abzuwehren. Weil dieses Ansinnen eben »falsch« wäre, da es dem Normalen oder dem, was jeweils dafür ausgegeben wird, zuwiderläuft.

Der Topos des Normalen hat in der Alltagsargumentation aber noch einen anderen Zweck. Das *Normale* gilt als *richtig*, so hatten wir eingangs festgestellt. Das mag ziemlich banal klingen, aber mit diesem Gedanken lässt sich auch Kritik abwehren.[19] Denn es hätte keinen Sinn, das Normale zu kritisieren, da es ja als richtig gilt. Da wir im Alltag einander ziemlich häufig kritisieren – die Art, wie wir denken und wie wir uns verhalten –, ist es wichtig, diese Kritik abzuwehren, und zwar dadurch, dass wir unser Verhalten und unsere Einstellungen als normal, dem sozialen Standard gemäß bezeichnen. Es geht dabei nicht immer nur um uns selbst, sondern auch um Personen, die wir vor fremder Kritik in Schutz nehmen wollen. Eltern schulpflichtiger Kinder müssen sich ab und zu Klagen der Lehrkräfte über ihren Nachwuchs anhören. Das gehört und gehörte immer schon zum Schulalltag und ist nichts Neues. Die Verteidigungsstrategien haben ebenfalls einen ausgeprägten Wiederholungscharakter: »Kinder müssen sich doch frei entfalten können.« (Verschiebung des Themas: von einem bestimmten Kind zu Kindern ganz allgemein und deren Verhaltensweisen und Ansprüchen. Die sind immer normal bzw.

gelten dafür; man kann schließlich nicht die Kinder in ihrer Allgemeinheit kritisieren; damit würde der Kritiker selbst sich ins soziale Abseits stellen.)

»Mein Sohn ist in der Pubertät, das wissen Sie doch!« (Es steht unausgesprochen dahinter: Es ist normal, dass Jugendliche in diesem Alter sich in irgendeiner Weise auffällig verhalten; das legt sich nach einiger Zeit auch wieder und ist kein Grund zur Beunruhigung.)

Die Verteidigung zielt in beiden Fällen darauf, eine bestimmte beanstandete Verhaltensweise ans rettende Ufer der Normalität zu bringen. In den Bereich, wo alle Menschen sich irgendwie gleich verhalten. Und nicht nur dann, wenn es um unsere Kinder geht. Der Topos des Normalen ist eines der wichtigsten alltagsrhetorischen Mittel zur Abwehr von Kritik überhaupt. Und schließlich – aber auch nicht unwichtig – dient er als eine Art Bewältigungsstrategie für alle möglichen Unerfreulichkeiten des Alltagslebens. Wer keine Lust hat, sich darüber aufzuregen, dass die Bahn (übrigens nicht nur in Deutschland) mal wieder Verspätung hat, der/die sagt sich oder irgendwelchen ungeduldigen Partnern/innen, dass das eben eine wenig erquickliche Normalität sei, an der man nichts ändern könne.

Mit Hinweis auf das Normale wehrt man oft Kritik ab.

Da ein bestimmtes Missverständnis jetzt mehr als nahe liegt, mache ich mich auch gleich daran, es auszuräumen: Ich habe in diesem Kapitel mehrfach das *Normale* mit dem *Richtigen* in eins gesetzt, mich dabei allerdings stets auf einen bestimmten sozialen Konsens bezogen, für den das Normale richtig ist. Ich habe nicht gesagt, dass dies auch meiner Auffassung entspricht, dass ich das Normale, in welcher Gewandung auch immer es auftritt, immer richtig finde. Denn in bestimmten Kulturen und in bestimmten historischen Epochen gelten bzw. galten die verabscheuungswürdigsten Dinge als normale Handlungen, über die sich niemand aufregte. Erinnert sei an Witwenverbrennungen, an Klitorisbeschneidungen oder auch an die Inquisition im europäischen Mittelalter mit ihren öffentlichen Verbrennungen von »Hexen« und »Ketzern«. Das Normale ist also immer ein Kulturspezifikum, es ist das, was jeweils dafür gehalten wird. Aber argumentiert wird mit ihm trotzdem, als gelte es ewig.

»Und jetzt wollen Sie aufgeben – einfach so!«

Der »Topos des plausiblen Motivs«

Nach-20-Uhr-Filme, die im Alltag spielen, sind eine Fundgrube für Alltagsargumentation und für Konfliktrhetorik, weil die dort auftretenden Menschen eben oft unterschiedliche Auffassungen haben von dem, was man tun oder lassen sollte. So auch in dem Film »Traumprinz in Farbe« (25.2.2003, SAT.1). Die Hauptfigur Clara sucht besagten Traumprinzen, den sie nur auf einem Foto gesehen hat, und droht bei ihren Bemühungen den Mut zu verlieren. Ihr Chef, ein erheblich älterer Fotohändler, der ihre Aktivitäten mitbekommen hat und sie nun verzagen sieht, sagt zu ihr: »Und jetzt wollen Sie aufgeben – *einfach so*!« Einfach so – das wird im Alltag oft gesagt. Ich habe mit der Überschrift eigentlich schon verraten, was dieses *einfach so* soll. Dahinter steckt der Vorwurf: »Sie haben keinen nachvollziehbaren Grund. Den bräuchten Sie aber, wenn man das verstehen bzw. akzeptieren soll, was Sie da tun oder lassen.« Einen solchen Vorwurf hört man ziemlich oft, auch unter ganz anderer Kostümierung. Zum Beispiel, wenn gesagt wird: »Der/die hat dir nichts getan.« Und dahinter steckt: »Die Person, die du da schlecht behandelst oder von der du dich komplett zurückziehst, hat dir keinen plausiblen Grund dafür geliefert.«

Als ich letztens an einem Kinderspielplatz vorbeiging, hörte ich eine Mutter zu ihrem Dreijährigen sagen: »Du hast gar keinen Grund zum Heulen.« Nun hätte ein Dreijähriger relativ schlechte Karten, wollte er mit seiner Mutter argumentieren, ob er einen akzeptablen Grund hat dafür, dass ihm die Tränen kommen. Aber andere, die sich jenen Vorwurf, zum Beispiel: »Einfach so!«, anhören müssen, werden meist gar nicht erst gefragt, ob sie einen Grund haben, und wenn ja, welchen. Ihnen wird einfach etwas unterstellt, nämlich, sie hätten keinen. Clara aus dem SAT.1-Spielfilm hätte sagen können, es sei auch in einer Stadt von so überschaubaren Dimensionen wie Lüneburg ein ziemlich aussichtsloses Unterfangen, eine Person zu suchen, die man nur auf einem Foto gesehen hat, das einem zufällig in die Hände fiel. Niemand könne sagen, ob sich dieser Traumprinz nicht mittlerweile nach Hamburg oder Berlin abgesetzt hat. Aus dem »Topos des plausiblen Motivs« jedenfalls, das können wir festhalten, gewinnen wir sehr oft Argumente für einen Vorwurf oder für Kritik an Verhaltensweisen unserer Mitmenschen.

Diesen Topos kann man so umschreiben:

Man tut nichts ohne Grund. Und über dessen Plausibilität lässt man andere entscheiden.

Auch dieser Topos lässt sich »knacken«. Wer sein Leben lang nur dann handelt, wenn ihm der Applaus anderer gewiss ist, der wird sich wahrscheinlich immer nur innerhalb sehr eng gezogener Grenzen bewegen. Manchmal muss man »einsame« Entscheidungen treffen, auch wenn die niemand versteht. Es kann nämlich sein, dass die Personen der eigenen Umgebung einen nicht verstehen wollen. Oder den Grund zwar verstehen, aber nicht akzeptieren können. Und dann sagen, unsereiner habe gar keinen …

»Ich wollte doch nur das Beste.«

Der »Topos der guten Absicht«

Menschen können sich anstrengen, so sehr sie wollen, aber es kommt bei ihren Bemühungen nicht immer das heraus, was sie sich gedacht haben. Oder was andere von ihnen erwarten. Allein Brechts »Ballade von der Unzulänglichkeit menschlichen Strebens« bringt diesen Gedanken schon in ihrem Titel auf den Punkt. Wenn die Resultate also nichts Besseres als schonungsvolles Stillschweigen verdient haben, dann tröstet man sich gern mit dem guten Willen, der hinter allem stand und jeglicher Kritik entzogen bleibt, denn gute Absichten kritisiert niemand.[20] Diese Erfahrung hat man bereits in der Antike gemacht. Aus einem Brief von Ovid, dem römischen Dichter, der sich bei Kaiser Augustus missliebig gemacht hatte und darauf hin den Rest seiner Tage in der Verbannung an den Ufern des Schwarzen Meeres, dem damaligen »Sibirien«, verbringen musste, stammt die Formulierung, die später zum geflügelten Wort wurde:

»Ut desint vires, tamen est laudanda voluntas«.

In freier deutscher Wiedergabe: Auch wenn die Kräfte nicht gereicht haben, so ist doch der (gute) Wille bemerkenswert.

Der gute Wille, die lautere Absicht, macht denjenigen, der sie hat, unangreifbar, egal, was bei seinem Bemühen herauskommt. Den Inhalt dieses Topos könnte man demnach so paraphrasieren:

Eine gute Absicht kritisiert man nicht.

Im Übrigen hat der gute Wille die höchsten philosophischen Weihen, die sich nur denken lassen. Immanuel Kant leitet seine »Grundlegung zur Metaphysik der Sitten« so ein:

»Es ist überall nichts in der Welt, ja überhaupt auch außer derselben zu denken möglich, was ohne Einschränkung für gut könnte gehalten werden, als allein ein GUTER WILLE.« (I. Kant, S. 122, Hervorhebung im Original)

Ich will nicht darüber spekulieren, ob die vielfältige Argumentation mit den guten Absichten vulgarisierter Kant ist, aber die wahrscheinlich populärste Variante, in der sich dieser Topos artikuliert, ist diese:

»Ich habe es doch nur gut gemeint.«

Aber auch dieser Topos ist angreifbar, denn gerade in den letzten Jahrhunderten wurden im Namen der edelsten Absichten und der hehrsten Ideale die scheußlichsten Verbrechen begangen: Während der Französischen Revolution starben allein in Paris Tausende unter der Guillotine – im Namen der »Tugend«. Dass »Tugend und Terror« sich auf eine makabre Weise miteinander vertragen, demonstriert Hannah Arendt in ihrem Buch »Elemente und Ursprünge Totaler Herrschaft« (engl. Original: »The Origins of Totalitarianism«, 1950). Wollen und Tun sind nicht dasselbe. Nicht immer lässt sich das eine aus dem anderen herleiten, und schon gar nicht lassen sich beide gegeneinander aufrechnen. Alltagsargumentation und alltagsweltliche Vorstellungen sind jedoch gemeinhin gegen solche

Erkenntnisse immun. Und wer im Alltag argumentiert, versucht gleichzeitig, sich selbst zu immunisieren – gegen Kritik, wie sich versteht, gegen Herabsetzung, gegen Angriffe. Der »Topos der guten Absicht« hat sich bislang als ein zu wirkungsvolles Verteidigungs-Instrument erwiesen, als dass man auf ihn hätte verzichten können. Ein nicht minder oft und gern verfolgtes Ziel ist es umgekehrt, anderen die Immunität zu rauben, den Gegnerinnen und Gegnern natürlich. Zu diesem Zweck unterstellt man solchen Personen die finstersten Absichten. Eine äußerst beliebte alltagsrhetorische Standardwaffe ist diese:

»Du willst doch bloß …!«

Egal, was die betreffende Person will. Wenn das Wollen, die Absichten, die hinter allem stehen, schlecht sind, dann – so die Überlegung – können die Ergebnisse, also das Handeln selber, nur von der gleichen Sorte sein.

Das Fazit für den »Topos der guten Absicht« fällt sehr kurz aus: Er eignet sich sowohl für die Verteidigung der eigenen Person (ebenso natürlich auch Nahestehender), ebenso setzt er die Hemmschwelle für Angriffe auf andere herab, die nämlich keine »guten Absichten« haben.

»Ich weiß auch nicht, was mit mir los war.«

Der »Topos der mangelnden Zurechnungsfähigkeit«

Ich denke, diesen Spruch kennen Sie. Es muss jemand schon ziemlich was angestellt haben, wenn er/sie sich auf eine psychische Ausnahmesituation herausredet (»mit mir los war«), die nach verbreiteter Auffassung als strafmildernd gilt. Denn so oder so ähnlich lässt sich der entsprechende Topos formulieren:

Wer für seine Taten nicht verantwortlich ist, geht straffrei aus.

Zumindest in diesem Punkt ist unsere alltagsweltliche Vorstellung, die ja unter anderem auch viel mit Gerechtigkeit zu tun hat, gar nicht weit von der geltenden Rechtsprechung entfernt. Wir machen uns immer wieder Gedanken, wer was muss, was diesem oder jenem zusteht, oder wer wofür verantwortlich ist. In der Argumentation im Alltag geht es allerdings weniger um Strafe als vielmehr um die Kritik aller Personen, die an der entsprechenden Situation irgendwie beteiligt sind, die man sich ungern anhört. Dieses Kapitel hat also ebenso wie sein Vorgänger etwas mit Angriff und Verteidigung, mit Kritik und deren Abwehr zu tun. Das ist kein Zufall, denn beides spielt in unserer Alltagskommunikation eine wichtige Rolle. Und eine weitere Parallele zeigt sich: Wenn man jemanden angreifen will, schreibt man ihm, wie gesagt, negative Absichten zu oder man versperrt ihm den rettenden Ausweg in die psychische Ausnahmesituation. Er/sie soll sich nicht darauf hinausreden können, nicht ganz bei sich gewesen zu sein. Nein, so behaupten wir, die Gegenseite hat bei klarem Bewusstsein und in genauer Kenntnis der Situation gehandelt. Denn so viel ist klar: Es ist nicht dasselbe, ob ein Farbenblinder bei Rot über die Kreuzung fährt oder jemand, der diesbezüglich in keiner Weise eingeschränkt ist. Der rettende Ausweg führt aber noch in eine andere Richtung – und hier greift wieder die Devise »Nichts gewusst, nichts gemusst«. Auch hier wieder berühren sich alltagsweltliche Vorstellungen und das Strafgesetzbuch. Dieses kennt nämlich den so genannten »Verbotsirrtum«. Jemand wusste nicht, dass eine bestimmte Handlung nicht erlaubt ist, und diese Unkenntnis kann – vorausgesetzt, das Gericht spielt da mit – strafmildernd oder gar strafbefreiend wirken. Wer sich also den Vorwürfen anderer entziehen will, beruft sich darauf, dass er/sie nicht informiert war – oder redet sich einfach darauf hinaus. Klar, dass die Gegnerinnen und Gegner dies Schlupfloch gern zunageln würden. Die verschiedenen Varianten der Trumpfkarte, die jetzt ausgespielt werden, enthalten zumeist das Wort »wissen«:

Durch Unkenntnis einer Sachlage sucht man sich der Kritik zu entziehen.

- »Das wusstest du auch!«
- »Das hast du auch genau gewusst!«
- »Behaupten Sie nicht, das hätten Sie nicht gewusst!«

Wer etwas weiß – so die Pfeilspitze des Vorwurfs – ist in der Verantwortung. Die Kehrseite des »Topos der mangelnden Zurechnungsfähigkeit« heißt also:

»Der Topos der Verantwortung«.

Dieser lässt sich so formulieren:

Wer bei klarem Bewusstsein und in genauer Kenntnis der Situation handelt, ist für seine Handlungen voll verantwortlich.

Jack Daniels, Dallmayer & Co.

Der »Topos des Althergebrachten«

Wenn ich mal wieder im Stau stecke und um mich herum fast nur Laster von einschüchternden Dimensionen sehe, dann lese ich aus purer Langeweile deren Aufschriften: Herkunft, Internet-Adresse und was sie in ihrem Inneren so alles transportieren. Und dann findet sich, besonders bei Brummis deutscher Herkunft, manchmal noch so ein Hinweis wie: »seit 1907« oder »50 Jahre« (mit Eichenkranz dekoriert). »So lange haben wir durchgehalten – bis auf den heutigen Tag!«, könnte man daraus lesen, und ähnlich ist es wohl auch gemeint. Vielleicht klingt die folgende Frage etwas begriffsstutzig, aber ich stelle sie trotzdem: Warum erscheinen solche Hinweise? Und an wen sind sie gerichtet? Weshalb wer wie lange nicht aus dem Markt herausgeflogen ist, interessiert mich (und vielleicht auch andere) eigentlich nicht besonders. Dennoch: Irgendeinen Grund wird es geben, sonst hätte man sich so viel Mühe mit der Beschriftung wohl kaum gemacht. Die Überschrift dieses Kapitels verrät es: Es handelt sich wieder um einen *Topos*. Sie erinnern sich: Topoi braucht man zu Argumentations-, zu Begründungszwecken. Dieser »Topos des Alten« oder »Althergebrachten« – die Bezeichnung stammt nicht von mir[21] – soll die Vermutung nahe legen, dass es mit der Qualität der Waren oder Dienstleistungen, die die betreffende Firma anbietet, wohl nicht ganz schlecht bestellt sein kann, wenn sie sich so lange auf dem Markt behaupten konnte.

Der »Topos des Althergebrachten« sagt soviel wie: Eine Sache ist gut, weil sie alt ist, weil es sie immer schon gab oder jedenfalls sehr lange gibt.

Dieser Topos ist die Basis für ganz bestimmte Werbestrategien, die bei Produkten zum Zuge kommen, die längere Zeiten überdauert haben, wie beispielsweise bestimmte Kaffee- oder Whiskysorten.

Paradoxerweise gibt es auch und gerade in der Werbung einen völlig gegensätzlich orientierten Topos, nämlich den »Topos des Neuen«, und der sagt nichts anderes, als dass eine Sache gut ist oder zumindest Aufmerksamkeit verdient, weil sie neu auf dem Markt ist. Beispiele finden Sie zur Genüge in Ihrer Tageszeitung und in allen möglichen TV-Werbe-Spots. Achten Sie am besten auf die Sparten »Kosmetik« und »Unterhaltungselektronik«. Nicht nur auf dem Markt der Güter und Dienstleistungen muss dieser Topos Begründungen herstellen.

Die Werbung argumentiert mit dem Alter ebenso wie mit der Neuigkeit eines Produktes.

»Mal was Neues ausprobieren«, so lautet die Devise von Psychotrainern und Unternehmensberatern, wo immer es gilt, eingeschliffene (und sklerotisierte) Gewohnheiten auf den Recyclinghof zu schaffen, und man hört diese Empfehlung im Alltag auch da, wo überhaupt nicht mit klingender Münze bezahlt wird. Eine ziemlich frühe und zugleich ironisierende Version dieses »Topos des Neuen« stammt von Mae West, dem Stummfilm-Vamp der 20er Jahre: »Between two evils I always pick up the one I never tried before.«[22]

Vergleichbares lässt sich auch für den »Topos des Althergebrachten« auf dem Jahrmarkt der Meinungen beobachten:

»Das mache ich immer so« – oder:
»Das haben wir noch nie gemacht«.

Diese beiden Standard-Redewendungen, die ich in dem Kapitel zuvor schon bemüht habe, lassen sich auch als Varianten dieses Topos interpretieren, dem zufolge das Alte gut ist, eben weil es alt ist. Und weil es altbewährt ist. Denn wenn das Alte sich nicht bewährt hätte, so die dahinter stehende Argumentation, hätte man es längst durch Besseres ersetzt. *Der Topos des Normalen* und der des *Althergebrachten* weisen also großflächige Überschneidungen auf.

Dass topische Argumentation meist etwas löcherig ist – wir sahen es zuvor schon beim *Topos des Normalen* –, gilt auch hier. Von persönlichen Gewohnheiten ist nicht immer leicht herunterzukommen, und nicht alle Sitten und Traditionen sind gut, nur weil sie altüberliefert sind. »50 Jahre Erfahrung« wird an dieser Stelle nun wirklich nicht zum ersten Mal ironisiert mit: »50 Jahre Murks gemacht«.

»Das habe ich von Professor Müller.«

Der »Topos des maßgeblichen Urteils«

Dieser Topos hat eine sehr lange Tradition. In lateinischer Formulierung heißt er: *locus ex auctoritate*, wobei *locus* die lateinische Übersetzung von Topos und *auctoritas* der Ursprung unseres Wortes »Autorität« ist. In expliziter Fomulierung lautet dieser Topos, den man auch »Autoritäts-Topos« nennen könnte:

Jeder Experte ist auf seinem Fachgebiet zu respektieren.

Diese Überzeugung scheint den Menschen tief eingepflanzt zu sein: dort, wo man selber kein Urteil hat, auf dasjenige von Fachleuten zu vertrauen. Man vertraut aber nicht nur gern auf die Aussagen von Autoritäten, man argumentiert auch damit. In Auseinandersetzungen ist eine echte oder auch nur vermeintliche Autorität eine Trumpfkarte, die gern gegen konkurrierende Ansichten ausgespielt wird. Die erwähnte lange Tradition, auf die dieser Topos zurückschauen kann, war offensichtlich völlig immun gegen die Tatsache, dass Experten gegen Irrtümer ebenso wenig geschützt sind wie Laien. Dass ein medizinischer Laie manchmal mehr weiß als ein Experte, das kann einfach daher kommen, dass jedermans Wissen lückenhaft ist. Und als Laie braucht man nur einen anderen Experten zu fragen (sich eine »zweite Meinung« einzuholen), und dann kann es sein, dass der erste Experte ziemlich grau aussieht. Noch einfacher formuliert: Die Geschichte der Wissenschaften ist immer auch die Geschichte ihrer Irrtümer. Was man an diesem Beispiel aber deutlich sehen kann – und jetzt nicht mehr zum ersten Mal: Auch Topoi, deren Substanz ziemlich brüchig ist, erfreuen sich in Alltagsdiskussionen größter Beliebtheit. Der »Autoritäts-Topos« zeigt außerdem, wie sehr wir geneigt sind, in Hierarchien zu denken: Experte – Laie, oben – unten, mehr – weniger.

In enger Nachbarschaft zu diesem »AutoritätsTopos« steht ein anderer, der ebenfalls auf eine lange Tradition zurückblicken kann. Dieser Topos trägt den lateinischen Namen *locus a maiore ad minus* oder in der Variante *locus a minore ad maius.* In deutsch-griechischer Übersetzung: *Topos des Mehr und des Minder (minus = minder, maius = mehr; a = von, ad = zu).* Zwei Beispiele für die beiden Varianten:

- Wenn der einfache Soldat schon eine Stadt erobern kann, dann kann dies der König erst recht *(locus a minore ad maius).*
- Wenn der König eine Stadt schon nicht erobern kann, dann kann es der einfache Soldat erst recht nicht *(locus a maiore ad minus).*
  (Kienpointner, 1992, S. 122, der seinerseits Petrus Hispanus zitiert, den späteren Papst Johannes XXI., dessen Amtszeit in das 13. Jahrhundert fällt.)

In beiden Fällen ist unterstellt, dass der Soldat einfach nicht über die gleichen Machtmittel verfügt wie der König. Dass er überhaupt die »mindere« der beiden Personen ist.

Die beiden Beispiele stammen bereits aus antiken Rhetoriken, in denen es noch um Könige und die Eroberung von

Städten ging. Typisch für den »Topos des Mehr und des Minder« sind die Ausdrücke *erst recht* bzw. *erst recht nicht.* Und sie zeigen uns, dass dieser Topos trotz aller scheinbaren Alltagsferne in unserer Alltagsargumentation seinen Platz bis heute behaupten konnte. Trotz durchgreifender Demokratisierung der Gesellschaft und obwohl wir mit der Vorstellung leben, wir seien alle gleich – das Denken von oben nach unten und umgekehrt scheint unausrottbar.

Ein Beispiel:

Bei Prüfungen in der Universität, aber auch in den öffentlichen Schulen, scheint es immer mehr einzureißen, dass Kandidaten/innen verspätet oder gar nicht erst erscheinen. Das Prüfungsgremium wartet in der Regel geduldig ... Als einmal auf einem Gymnasium im nordostdeutschen Raum einem Lehrer der Geduldsfaden zu reißen drohte, wurde er von seinem Schulleiter folgendermaßen belehrt: Wenn schon berühmte Professoren in den Prüfungsämtern der Schulbehörde auf die verspäteten Kandidaten warten müssten, dann könne dies doch von einem Lehrer »erst recht« verlangt werden.[23]

Trotz aller Gleichheit – wir denken gerne »von oben nach unten«.

Man sieht eines ganz klar: Der »Topos des Mehr und des Minder« (hier in seiner Variante *locus a maiore ad minus*) funktioniert nur dann, wenn wir »vertikal denken«, wenn »oben« und »unten« für uns relevante Kategorien sind. Wahrscheinlich ist das in der Tat so. Wenn ein solcher Topos eine so lange Tradition hat – bei Aristoteles kommt er auch schon vor –, dann dürfte sich eine solche Argumentation tief in unser Gehirn eingraviert haben. Und dennoch: Gerade dieser Topos liefert nach meinen Beobachtungen ziemlich häufig durchaus anfechtbare Schlussfolgerungen. Eigentlich sollte ja schon das Beispiel »Professoren« (oben) – »Lehrer« (unten) für sich sprechen. Ein zweites habe ich aber noch in Reserve.

In dem TV-Sechsteiler »Die Affäre Semmeling« (ZDF Januar 2002) von Dieter Wedel sagt Silke Semmeling, gespielt von Heike Makatsch: »Wie soll ich denn etwas für das Glück meiner Wähler tun, wenn ich nicht einmal meine eigene Familie glücklich machen kann?«

Zunächst einmal darf bezweifelt werden, dass das »Glück« der Wähler vergleichbar ist mit demjenigen einer Kleinfamilie. Beides liegt auf ganz verschiedenen Ebenen. Außerdem gibt es zahlreiche Beispiele von sehr erfolgreichen Politikern, die in ihrem Privatleben komplett gescheitert sind. Möglicherweise, weil sie so erfolgreich waren. Niemand von ihnen musste jedoch seine Professionalität mit dem Hinweis auf die Misslichkeiten seiner privaten Existenz in Frage stellen lassen.

»Mit Kanonen auf Spatzen geschossen«

Der »Topos der angemessenen Aktion« (und Reaktion)

Stellen Sie sich vor, Sie kommen nach Hause und finden am Kühlschrank einen Aufkleber mit der Notiz:

»Ich liebe dich nicht mehr.«

Und darunter:

»P.S. der Hund muss noch mal raus.«

Nehmen wir weiter an, Ihre Gefühle für den/die Absender/in bewegen sich nicht mehr auf einstigen Höhen, dann wird Sie die Botschaft am Kühlschrank vielleicht nicht weiter vom Hocker hauen. Möglicherweise ist Ihre Spontanreaktion auch eine gewisse Erleichterung. Aber wie steht es mit Ihrer Reaktion auf den »Kanal« der Kommunikation, den Aufkleber? Werden in Ihrem Leben etwas schwergewichtigere Informationen – ich finde, um eine solche handelt es sich – auf diese Weise ausgetauscht? Falls ja, dann ist ja alles in Ordnung, und dann würde ich an Ihrer Stelle jetzt den Rest dieses Kapitels überschlagen. Falls nein, dann hätten Sie vermutlich erwartet, dass Ihnen das Ende einer (länger oder weniger lange dauernden) Beziehung mit etwas mehr Aufwand mitgeteilt wird. Ganz sicher in einer etwas aufwändigeren »Inszenierung«. Und außerdem nicht im Kontext einer solchen Banalität wie der, dass die Nr. 3 der Lebensgemeinschaft, wie lieb auch immer Sie den

Hund haben, noch mal auf die Straße geführt werden müsste. Möglich, dass Sie mir jetzt überhaupt nicht zustimmen. Deswegen muss ich einiges präzisieren.

Es geht hier um den Begriff der »Angemessenheit«. Angemessenheit hängt sehr stark mit dem zusammen, was nicht allein nach meiner oder Ihrer Ansicht für angemessen gehalten, was erwartet wird. Das heißt: Zwecke und Mittel müssen in einem Verhältnis zueinander stehen, das nach allgemeiner Übereinkunft als irgendwie »richtig«, »passend« oder eben als angemessen angesehen wird. Man kann des Guten zu viel (die Kanonen und die Spatzen) oder zu wenig (der Kühlschrankaufkleber) tun. Solche Konsense können sich aber ändern, und selbst wenn es sie zu einer bestimmten Zeit gibt, dann müssen sie noch lange nicht von allen Angehörigen einer Sprach- und Kulturgemeinschaft geteilt werden. Nur: *Dass* es solche Erwartungen, über die ein mehr oder minder breiter Konsens besteht, überhaupt gibt – davon bin ich nun allerdings fest überzeugt. Und meine ganz private Ansicht ist das auch nicht. Immer noch möglich, dass Sie mir auch jetzt nicht zustimmen. Wenn Sie keinerlei Erwartungen an andere haben bezüglich angemessenem Verhalten, dann müssten Sie es allerdings auch akzeptieren, dass man mit Ihnen umgeht ganz nach Gutdünken und Willkür, eventuell mit der Tür ins Haus fallend oder auch völlig ohne jeglichen Respekt.

Topische Argumentation – eine Bilanz und ein paar Tipps

Die bisher behandelten Topoi haben eines gemeinsam: Sie funktionieren als Grundlage der Argumentation, ohne dass sie auf den Tisch gelegt werden. Obwohl man das tun kann. Meistens jedoch geschieht genau das nicht. Was aber soll so viel Gelehrsamkeit überhaupt? Warum habe ich Sie mit einem mehr als 2.000 Jahre alten Fachausdruck behelligt, der in der Umgangssprache nun wirklich alles andere als geläufig ist? Zunächst einmal gibt es für den Ausdruck »Topos«, soweit ich sehe, keine genaue deutsche Entsprechung, denn »Gemeinplatz« ist eben doch nicht genau dasselbe. Außerdem und noch viel wichtiger: Ich brauche diesen Begriff und seinen Inhalt, um Ihnen zu zeigen, wie unsere Argumentation im Alltag funktioniert, wie wir es schaffen, uns gegen andere durchzusetzen oder zu verteidigen. Und wenn es uns nicht gelingt, dann haben wir es wenigstens versucht …

Aber nehmen wir an, wir haben es geschafft, dann hat meist ein Topos eine zentrale Rolle dabei gespielt. Denn in sehr vielen Auseinandersetzungen, in denen Argumentation gefragt ist, geht es um nichts anderes als darum, was *ich hier und jetzt* will oder was ich *soll* – und vielleicht gar *nicht will*. Einfach zu sagen: »Ich will dies und jenes« oder: »Ich will das und das aber ganz und gar nicht«, das ist ganz schön und sicher immer noch besser, als mit offenem Mund hilflos dazustehen, aber es reicht oft nicht. Besser ist es, wenn ich mir für meine Position, für das also, was ich hier und jetzt will, die *soziale Anerkennung* verschaffe. Gleiches gilt natürlich, wenn ich etwas ablehne, das ich als eine Zumutung für mich ansehe. Wie auch immer: Andere sollen die Dinge möglichst ganz genau so sehen wie ich. Das hat viel mit der bereits erwähnten »Werbung um Komplizen« zu tun.

Nehmen wir an, ich habe ganz einfach keine Lust, die Verantwortung zu übernehmen für eine Sache, die schief gelaufen ist. Dies einfach nur zu sagen, wäre etwas wenig. Besser ist es, ich habe eine Begründung zur Hand. Eine Begründung, die die Verbindung herstellt von meinem Einzelfall »Ich will nicht« zu einer allgemeinen Überzeugung: »Niemand an meiner Stelle würde in diesem Falle die Verantwortung übernehmen wollen, und er/sie würde es auch nicht müssen«. Ich führe also als Argument an das bereits bekannte: »Mir erzählt ja keiner was.«

> Andere sollen die Dinge möglichst genau so sehen wie ich.

Denn dahinter steht unausgesprochen die allgemeine Überzeugung, die ich auch schon angeführt habe: »Nur wer informiert ist, kann auch handeln und die Verantwortung übernehmen«. Und das ist ein Topos, einer von vielen. Den »Topos der Verantwortung« bzw. sein Gegenstück (»Topos der mangelnden Zurechnungsfähigkeit«) haben wir bereits kennengelernt.

Topische Argumentation, so können wir jetzt sagen, ist so etwas wie eine *Legitimationsstrategie*. Sie sichert die Verbindung des umstrittenen Einzelfalles (*ich* im *Hier* und *Jetzt*) zu einer allgemeinen Übereinkunft, die eben alles andere als kontrovers ist. Topische Argumentation ist *kon-*

sensuell, d. h. sie ist immer der Versuch, mich und meine Bedürfnisse und meine Interessen an das rettende Ufer des sozialen Konsenses zu bringen. Diese Legitimationsstrategie erweist sich nach meinen Beobachtungen in Alltagskonflikten als äußerst wirksam. Denn: Wer topisch argumentiert, geht ziemlich oft als Sieger aus dem Konflikt hervor.

Es geht bei topischer Argumentation sehr häufig um *Rechte, Pflichten, Ansprüche, Erwartungen* und *Verbindlichkeiten.* Es geht darum, eigene Ansprüche als Verbindlichkeiten für andere zu etablieren und entsprechende Bemühungen von anderer Seite abzuweisen, d. h. in ihrem Rechtsanspruch als nichtig zu erklären. Andere ins Unrecht setzen und sich selber ins Recht setzen – darum geht es.

Topische Argumentation ist außerdem, so haben wir schon mehrfach gesehen, meist implizit, d.h. das meiste wird gar nicht ausdrücklich gesagt. Das macht jede Art von Konter auch so schwierig. Ein Konter wird auch dadurch nicht eben erleichtert, dass man über die meisten Topoi wegen ihrer scheinbaren Banalität gar nicht lange nachdenkt. Denken Sie an den Topos des Normalen oder der guten Absicht. »Banal« muss aber nicht heißen: »falsch« oder »unwirksam«. Das Gegenteil trifft es meistens.

Nehmen wir noch ein Beispiel, und zwar den Topos: »Es ist gut, konsequent zu sein.« Dieser Topos kommt besonders häufig in Vorwürfen vor von der Art: »Das war aber gar nicht konsequent!« Oder: »Ein bisschen mehr Konsequenz hätte ich schon von Dir erwartet!« Wer mich auf diese Weise angreift, der hat einen relativ leichten Stand. Denn der

Aggressor bezieht sich auf einen Konsens, den ich selber teile: Er meint ja, man müsse konsequent sein, und ich meine das ja eigentlich auch. Ich bin in diesem Punkt sogar ziemlich genau seiner Meinung. Und deshalb schlägt er mich quasi mit meinen eigenen Waffen (mit denen ich in anderen Situationen ja auch andere attackiere). Und das macht mich so wehrlos. Paradoxerweise besteht also in der topischen Argumentation auch im Konflikt noch eine Gemeinsamkeit, und zwar nicht die banale, dass man sich nicht einigen kann, sondern diejenige in Bezug auf die Gültigkeit der Argumente.

Trotzdem – und dies sei jetzt als tröstlicher Ausblick für diejenigen verstanden, die mit dem Konsens so ihre Schwierigkeiten haben: Der soziale Konsens ist nicht die oberste Instanz, sozusagen das Bundesverfassungsgericht der Alltagskommunikation und -argumentation. Um einem Konsens etwas entgegenzusetzen, muss man ihn relativieren, man muss ihn hinstellen als eine Meinung, zu der auch Gegenmeinungen möglich sind bzw. zu der es auch Alternativen gibt. Eine solche gewinnt man, indem man sich klar macht, dass der Konsens eben in vielen Fällen nur einen Aspekt eines Problems abdeckt, zum Beispiel bezieht sich der Topos der guten Absicht eben nur auf die Absicht, aber nicht auf das Resultat.

Vielleicht hat sich bei Ihnen jedesmal, wenn Sie das Wort »Konsens« gelesen haben, ein Stirnrunzeln eingestellt. Verständlich wäre es. Ich habe so getan, als dächten in bestimmten Fragen alle – zumindest alle Menschen innerhalb einer bestimmten Kultur – dasselbe. Dabei fallen auch mir selbst sofort bestimmte Personen ein, mit denen ich nichts, aber auch gar nichts!, gemeinsam habe.

Und doch: Ohne solche Idealisierungen, wie sie sich in dem Begriff »sozialer Konsens« niederschlagen, ist wissenschaftliches Arbeiten nicht möglich. Und das heißt: Strukturen in der scheinbaren Unübersichtlichkeit der alltäglichen Lebenswelt entdecken. Wenn man das nicht schafft, sieht man den Wald vor lauter Bäumen nicht.

Teil IV

Nicht gesagt, aber mitgemeint

»Wie soll ich das verstehen?«

Kommunikation läuft nicht immer geradeaus. Oft läuft sie auch um die Ecke. Und manchmal im Rückwärtsgang. Wahrscheinlich haben Sie jetzt den Eindruck, der Autor spricht in Rätseln. Das wird auch sogleich anders. Lassen wir ein Beispiel sprechen:

Der renommierte Publizist Sebastian Haffner und sein zukünftiger Verleger Walther Kindler nehmen telefonisch ihren ersten Kontakt auf. Es ist das Jahr 1938. In diesen Zeiten ist es schon ein bedeutsames Signal, wenn zwei einander unbekannte Menschen sich auf deutschem Boden mit »Guten Tag« begrüßen statt mit dem von oben angeordneten »Heil Hitler!«. Nach dieser Begrüßung wissen beide sofort: Sie »können miteinander«, auf den anderen ist Verlass. Wenn heute, zu Beginn des 21. Jahrhunderts, zwei Menschen einander mit »Guten Tag« begrüßen, dann ist das nicht besonders bedeutungsvoll. 1938 hingegen ist diese Begrüßung eine Abweichung von einem Standardverhalten und als solche durchaus interpretierbar. Beide, Haffner und sein späterer Verleger, sagen nichts »auf direkte Art«. Beide lassen nur etwas weg, was in jenen Zeiten als Verhaltensstandard obrigkeitlicherseits verfügt worden war. Nebenbei noch dies: Am Telefon war es noch ein ganzes Stück riskanter, einander mit »Guten Tag« zu begrüßen, weil hier – nicht nur damals, sondern auch heute – die optischen Signale wegfallen, die zur Vertrauensbildung ja sehr beitragen können. Jene Indirektheit ist aber jenseits aller

Zeitbedingtheiten typisch für menschliche Kommunikation, in jedem Fall aber für unsere Kommunikation im Alltag. Natürlich ereignet sich Kommunikation sehr oft auch auf sehr direktem Weg. Beispiele dafür gibt es genug. Wenn etwa der »Wetterfrosch« im Frühstücksfernsehen für den Südwesten Deutschlands heute schönes Wetter in Aussicht stellt, dann kann es zwar sein, dass es später ganz anders kommt, aber der Mann oder seine Kollegin meint, was er bzw. sie sagt. Ebenso verhielt es sich vor einiger Zeit mit dem Radfahrer, den ich in der Dämmerung einfach übersehen hatte und beim Rechtsabbiegen fast über den Haufen gefahren hätte: Er warf mir – verständlicherweise – einen ziemlich derben Kraftausdruck vor die Füße, der vermutlich sehr treffend seine augenblickliche Einstellung zu mir wiedergab. Zu meiner Entlastung darf ich sagen, dass sein Rad unbeleuchtet war … Aber wie auch immer: Auch in diesem Fall befanden sich Gesagtes und Gemeintes in voller Übereinstimmung: Auch dieser Mann meinte, was er sagte.

So läuft es aber nicht immer. Denken Sie nur an *rhetorische* Fragen, von denen unsere Alltagskommunikation voll ist. Es ist in der Regel etwas ganz anderes gemeint als das, was ausdrücklich gesagt – in diesem Fall gefragt wird. Ein Beispiel:

»Wie siehst du bloß wieder aus?«

Wollte man diese Frage wörtlich nehmen, müsste man sie

1. beantworten und
2. sich Gedanken darüber machen, wie man denn am besten auf das »wieder« eingeht.

Gemeint ist natürlich eine abwertende Feststellung (»Du siehst fürchterlich aus« oder sonstwie), denn wer hinreißend oder wie ein Sieger aussieht, der wird sich jene Frage gewiss nicht einfangen (und schon gar nicht das »wieder« darin). Manchmal wird auch sehr viel mehr gemeint, als gesagt wird. Das Eingangsbeispiel, in dem die bloße Vermeidung des Hitlergrußes schon geeignet war, eine Vertrauensbasis zwischen zwei einander zunächst unbekannten Menschen herzustellen, zeigte dies.

Es kann aber ganz andere Gründe geben, sich nicht zu weit »aus dem Fenster heraus zu lehnen«, sondern sein Heil in der Indirektheit von Kommunikation zu suchen. Das eigene Ego kann ein Grund sein. Man möchte es schützen, beispielsweise vor einer brüsken Abfuhr, an der man vielleicht – bei entsprechender Sensibilität – tagelang zu knabbern hätte.

Nehmen wir an, ein Mann, der im Leben schon einiges gesehen hat, interessiert sich für eine jüngere Frau. Vor allem ist diese erheblich jünger als er, und sogleich schiebt sich in seinen Gedanken der Altersunterschied als Hindernis zwischen ihn und sie. Er könnte sie natürlich – und das Folgende ist zugegebenermaßen jetzt ziemlich konstruiert – direkt fragen, ob sie sich eher zu älteren oder zu jüngeren Männern hingezogen fühlt. Er müsste dann allerdings damit rechnen, dass sie ihm ebenso unverblümt antwortet, wie er gefragt hat – und dass die Antwort überhaupt nicht in seinem Sinn ist. Eine gewisse Sensibilität auf seiner Seite einmal unterstellt, hat er jetzt ein Problem, das er vielleicht auf ähnliche Weise lösen wird wie in dem folgenden Beispiel:

Nicht selten meinen wir sehr viel mehr, als wir sagen.

Einige Kollegen sitzen, »wenn alles getan ist«, noch bei einem Bier zusammen, und nun würde Herr Z., der seinen Kollegen S. für einen ziemlich ausgeschlafenen Geldanleger hält, der zudem eine ganze Palette von Steuertricks im Hinterkopf hat oder haben müsste, dessen Kompetenz gern einmal anzapfen. Er muss aber damit rechnen, dass S. sich vielleicht gerade aufgrund dieser Unterstellung wortkarg zeigt, vielleicht sogar etwas unwillig. Z. würde bei diesem Ausgang der Dinge auf seiner Wissbegierde sitzen bleiben, und da er von Mimosenhaftigkeit nicht völlig frei ist, könnte sein Ego einen leichten Kratzer davon tragen. Z. hat die Lehrjahre des Lebens aber schon weitgehend hinter sich gebracht. Und statt S. überhaupt eine Frage zur Sache zu stellen, fängt er von seiner Tante an: Die kann mit Geld umgehen, das würde man von so einer alten Dame gar nicht erwarten! Aktien aller Risikoklassen, eine ganze Palette von Fonds bis hin zu richtigen Hedge-Fonds (keiner in der Runde weiß, was das ist) hat die in ihrem Depot. Sie hat sogar im Ausland …

Aber da, wo es so richtig spannend wird, brechen wir die Geschichte ab. Warum erzählt Z. von seiner Tante? Er vermutet, S. könne zu diesem Thema etwas beisteuern und werde sich an irgendeiner Stelle »einklinken« und den Sack seines Wissens aufschnüren. Z. erzeugt das, was ich einen »kommunikativen Sog« nennen möchte. Ein Verfahren übrigens, das oft erfolgreich ist. S. wird es nicht leicht haben, sich auf ein freundliches Nicken zu beschränken und im übrigen sein Wissen, so er es denn hat (ob er wohl wusste, was Hedge-Fonds sind?), für sich zu behalten. Und selbst wenn eben dies geschieht, hätte Z. sein eigenes Ego geschont. Er hat niemandem in der Runde eine Frage gestellt, muss sich also auch keinem verweigern, er hat niemanden gebeten, seinerseits doch mal »auszupacken«, und selbst wenn seine Initiative S. gegenüber erfolglos bleiben sollte – eine richtige Abfuhr hat Herr Z. sich in jedem Fall nicht geholt. Das war ein zumindest halber Erfolg. Und dass man sich schon gut überlegen muss, wen man was fragt, das weiß Z.

Wie so eine richtige Abfuhr auf eine gar nicht erwünschte Frage aussehen kann, davon handelt das folgende Kapitel.

»Was soll die blöde Frage?!«

oder: Kommunikative Tretminen

Ob Kollege Z. seinen Wissensdurst stillen konnte, werden wir nicht erfahren, und das wäre auch nur mäßig interessant. Vielleicht hat er Herrn S. auch ganz einfach nur überschätzt. Falls der nämlich nur drei Sparbücher mit sehr bescheidener Verzinsung sowie ein paar Anteile an einem ziemlich unattraktiven Rentenfonds sein eigen nennt und lediglich dann, wenn es um Gelddinge geht, eine furchtbar coole Miene aufsetzt, aber nie etwas sagt. Interessanter ist schon, dass Z. sich eine direkte Frage verkniffen hat. Eigentlich erstaunlich, gehört doch das Stellen von Fragen zu den häufigsten kommunikativen Aktivitäten im Alltag. Zu den manchmal allerdings auch nicht ganz ungefährlichen. Gelegentlich sind Fragen sogar Tretminen. Und das ist nicht erst heute so, das ist eine kulturelle Erfahrung, die ziemlich lange in die Vergangenheit zurückreicht.

In dem mittelhochdeutschen Versroman »Erec«, den Hartmann von Aue auf der Grundlage einer französischen Quelle gegen Ende des 12. Jahrhunderts verfasste, begegnet unmittelbar nach Beginn der Handlung der gleichnamige Held, zu Pferde unterwegs, wie es sich für einen fahrenden Ritter gehört, einem vermeintlich sozial Gleichgestellten, der eine rote Rüstung trägt und hinfort nur »der rote Ritter« genannt wird. Diesen Unbekannten fragt Erec ganz arglos nach dem Woher und Wohin und natürlich auch nach dem Namen. Der so Gefragte würdigt Erec allerdings nicht nur keiner Antwort, sondern beordert statt dessen eine Person aus seinem Gefolge nach vorn in die Konfliktzone, einen Zwergen, eine nicht »satisfaktionsfähige« Figur also. Dieser schlägt Erec mit einer Peitsche links und rechts über das Gesicht und verabschiedet sich nicht ohne eine »Gebrauchsanweisung«, die in ziemlich freier Wiedergabe also lautet: «Dies nehmt dafür, dass Ihr meinen Herrn mit Euren Fragen so unziemlich belästigt habt!« An späterer Stelle setzt es dann eine ausgesprochen wirkungsvolle Rache. Natürlich nicht an dem Zwergen, weil der ja nicht »Person« ist, sondern an dem roten Ritter. Der kommt sehr knapp an seiner Enthauptung vorbei, aber das ist für unseren Zusammenhang nicht mehr wichtig.[24] Aber vielleicht ist Folgendes doch noch interessant: Weshalb reagierte der rote Ritter so abartig, wie man heute sagen würde? Weshalb fordert er Erec nicht wenigstens zum Kampf heraus, wenn er sich von diesem schon belästigt fühlt? Vermutlich steckt Folgendes hinter seinem Verhalten: Er sah sich selbst ganz sicher nicht als Erec sozial gleichrangig an, sondern schaute auf diesen von der Turmhöhe seiner Arroganz herab. An ihm, so seine Selbsteinschätzung, hatte man sich doch bitte schön demütig und vor allem möglichst unauffällig vorbeizuschleichen. Wer es anders hielt, so wie der noch etwas unerfahrene Erec, an dem machte der rote Ritter sich nicht selbst die Hände schmutzig, sondern ließ dies durch sein Personal besorgen.

Eine Frage zieht meist einen Zwang zu reagieren nach sich.

Eine Frage bedeutet normalerweise für denjenigen, der gefragt wird, einen Zwang zu reagieren. In milderer Formulierung: eine Nötigung. Und wie die aussieht, davon war schon die Rede. Wobei ich rhetorische Fragen jetzt einmal beiseite lasse, denn auf die muss man schließlich nicht reagieren. Mit einer Frage kann man Leute belästigen, sie in Verlegenheit bringen, sie etwa unter Druck setzen, ein sorgfältig gehütetes Geheimnis zu lüften. Fragen können sich negativ auf das Wohlbefinden des/der Gefragten auswirken. Es gibt Kulturen, in denen man sogar auf scheinbar ganz unverfängliche Fragen, etwa nach der richtigen Richtung, eher eine falsche Antwort bekommt als die wahrheitsgemäße: »Das weiß ich nicht«, oder in anderem Kontext: »Das kann ich nicht.« Weil der Gefragte – es ist in diesem Fall auch eher »der« als »die« (ich schenke mir die Untersuchung, weshalb) – es als entwürdigend empfindet, seine Defizite so ganz offen auf den Tisch zu legen. Deshalb ist für »ihn« eine solche Frage eben auch alles andere als unverfänglich. Auch wenn wir nicht gleich die Peitsche zücken, eine ziemlich unwillige Reaktion kann schon die Folge einer nicht eben wohl überlegten Frage sein. Bei Fragen dieser Art haben also der/die Gefragte ebenso wie der/die Fragende beide ein Problem. Selbst wenn der Fragende weiß, dass Zurückhaltung angebracht wäre, sein bzw. ihr Informationsbedürfnis ruft dennoch ohne viele Kompromisse nach Befriedigung. Und wie kriegt man die? Am besten, indem der/die Adressat(in) die Antwort gibt, um die es geht, ohne dass er/sie ausdrücklich gefragt wurde.

Mit Fragen kann man jemanden unter Druck setzen.

Nun sind die Erfolgschancen dieses Verfahrens unsicher, denn ob Kollege S. das Füllhorn seiner Geheiminformationen wirklich über Herrn Z. und die anwesende Kollegenrunde ausgeschüttet hat – wenn es denn nicht überhaupt nur heiße Luft enthielt –, wissen wir ja nicht. Möchte man als der bzw. die Fragende also nicht so gern auf der eigenen Neugier frustriert sitzen bleiben, dann muss ein »kommunikativer Sog der verschärften Art« erzeugt werden. Man muss also den/die (eben nicht direkt) Gefragte(n) unter einen solchen Zugzwang setzen, dass eine unverbindliche Nichtreaktion im Gegensatz zu der Geschichte von der in Geldangelegenheiten offensichtlich so ausgefuchsten Tante unmöglich, zumindest aber sehr, sehr schwierig wird. Oder noch anders: Die Nichtreaktion ist zwar noch immer möglich – man ist schließlich kein Folterknecht und weder bereit noch in der Lage, physischen Zwang auf die Gesprächspartner(innen) auszuüben -, aber diese Nichtreaktion bedeutet jetzt nicht mehr gar nichts, sondern sie bekommt einen bestätigenden Charakter. Wahrscheinlich ist dieser Zusammenhang so abstrakt, dass ich mich an der Grenze zur Unverständlichkeit bewege. Deshalb gleich das überfällige Beispiel.

»Und was macht bitte Ihr Mann?«

Der kommunikative Sog (verschärfte Variante)

Der, wie ich finde, begnadete Kabarettist Horst Schroth lässt es in seiner One-Man-Show »Katerfrühstück«[25] zum Zusammentreffen (der treffendere Ausdruck wäre »crash«) seiner »Beziehung« (seine Bezeichnung) Ricarda und einer Zufallsbekanntschaft namens Eileen kommen. Letztere hatte ihm, der hier in der Rolle des Schönheitschirurgen »Dr. Moritz Schneider« auftritt, unter ziemlich bizarren Umständen kurz zuvor das Leben gerettet. Ricarda weiß davon aber noch nichts – und besonders nicht von Eileens Rolle bei diesem Vorfall – und verspürt deshalb auch nicht die mindeste Regung der Dankbarkeit Eileen gegenüber. Sie sieht nur in der wesentlich jüngeren Eileen eine Rivalin mit unklarem Kompetenzprofil (»Was hat die, was ich nicht habe?«, so der Titel eines Songs aus den 80er Jahren). Diese unterzieht sie – als hanseatische Kaufmannstochter hat sie das gelernt – jetzt einer gnadenlosen »Bonitätsprüfung«, wie »Dr. Moritz Schneider« diese verbale Leibesvisitation nennt. Natürlich mit dem Ziel, das Image der jungen Dame auf Null zu reduzieren und als Nebeneffekt gleichzeitig Dr. Moritz Schneider dessen mangelhaften Sinn für Qualität drastisch vor Augen zu führen. Brennend interessiert sie sich dabei

- für das Alter der Unbekannten
- und dafür, ob diese irgendwie liiert ist.

Beides fragt sie aber nicht direkt. Das hat Gründe, die wir mittlerweile kennen.

Dr. Moritz Schneider alias H. Schroth, als Teil der erwähnten »Beziehung« voll in die Schusslinie geraten, gibt diesen »Trialog« so wieder:

([…] = meine Auslassungen; … = unvollständige Äußerungen im Original)

»(Ricarda zu Eileen): Wissen Sie, meine jüngere Schwester hat eine Tochter, die ist genau in Ihrem Alter.

(Dr. M. Schneider, peinlich berührt): Ricarda, meinst du etwa die Tiffany? Entschuldige mal, die Tiffany ist doch höchstens 17, höchstens 17. Sie wäre 27, sagt die Eileen, aber es wäre nett, wenn man jünger eingeschätzt würde.

[…]

(R. zu E.): Und Sie leben auch in dieser Stadt? Welcher Stadtteil? Ach ja, hab ich auch mal gewohnt. Preiswerte Gegend. Und beruflich machen Sie bitte was? Webdesign? Und was hab ich mir darunter vorzustellen? Internet, ja, Internet. Ja, in Ihrem Alter ist das ja kein Problem. Und von Haus aus sind Sie bitte was? Grafikerin? Diplomkauffrau oder? Abgebrochen – ja, natürlich. Man kann ja durchaus …

[…]

Und Ihr Mann, der macht auch dieses Web …? Ach ja, eine feste Bindung ist wohl eher hinderlich. Mutig, mutig! Moritz, ich finde diese junge Dame sehr mutig!«

Bemerkenswert an diesem »Verhör« ist die Tatsache, dass Ricarda nur die zweitrangigen Fragen (Domizil und Beruf) direkt stellt. Das, was sie wirklich interessiert (Alter und psychosoziale Disponibilität der Rivalin), artikuliert sie in der Form von Unterstellungen, zu denen Eileen sich irgendwie verhalten muss. Diese hat damit zwar keine besonderen Schwierigkeiten (so stellt H. Schroth es jedenfalls dar), aber Ricarda hat in jedem Fall herausgefunden, was sie wissen wollte. Direkte Fragen (»Wie alt sind Sie? Sind Sie verheiratet?«) wären die etwas weniger elegante Option gewesen, und Ricarda als »sophisticated Lady« weiß ihre Mittel wohl dosiert einzusetzen.[26] Zu diesen Mitteln gehört auch, dass sie über die doch anwesende Eileen gegen Ende in der dritten Person spricht, noch dazu mit der Bezeichnung »diese junge Dame«. Das würde sie sich bestimmt nicht gestatten, wäre die junge Dame für sie sozial gleichrangig. Auch das Mittel, eine Abwertung mit der Dekorationsschleife der Anerkennung zu versehen, beherrscht Ricarda perfekt.

Fragen können etwas mit »Kontrolle« zu tun haben.

Wir können jetzt Bilanz ziehen: Ricarda hat herausgefunden, was sie dringend zu wissen wünschte (Alter und »bürgerlichen Status« ihrer Rivalin). Falls wir nicht alle schon staatlich geprüfte Ricardas (und Ricardos) sind, können wir von ihrer Vorgehensweise, eine(n) Gegner(in) kunstgerecht zu tranchieren, nur lernen. Die wollen wir in einem Satz zusammenfassen:

Wem eine direkte Frage zu direkt ist, der äußert am besten eine Vermutung.

Was wir außerdem alle lernen können: Ricarda nimmt an keiner Stelle das Wort »Kontrolle« in den Mund, und doch gibt sie während des ganzen Verhörs das Heft nicht aus der Hand. Ihre Rivalin stellt keine Gegenfrage, und es ist auch kaum anzunehmen, dass Ricarda eine erschöpfende und befriedigende Antwort gegeben hätte. Also:

Wer die Kontrolle über ein Gespräch behalten will, macht unmissverständlich klar, dass er bzw. sie »hier die Fragen stellt.« (wie bei der Kripo).

Den Kommentar »preiswerte Gegend« (an dieser Stelle brausende Heiterkeit beim Publikum der Hamburger »Kammerspiele«) muss ich wohl nicht kommentieren.

Leider ist es an dieser Stelle nicht möglich, den körpersprachlichen und stimmlichen Einsatz von Horst Schroth, also seine schauspielerische Kompetenz auch nur andeutungsweise wiederzugeben. Denn das alles zusammen lässt jene Passage überhaupt erst zur vollen Wirkung kommen.

»Ich habe ihn in dem Glauben gelassen, dass …«

Das bestätigende Schweigen

Offen bleibt lediglich die Frage, was geschehen wäre, hätte Dr. Moritz Schneider alias Horst Schroth beim Thema »Alter« nicht interveniert und Eileen hätte gar nichts gesagt. Sie hätte dann Ricarda in dem Glauben gelassen, sie sei nicht 27, sondern liege mit ihrem Alter ganz in der Nähe von Ricardas nicht eben gutwilliger Einschätzung, die im Klartext bedeutet: »Unreifes Gör«, oder: »Lolita lässt grüßen«.

Es gibt nämlich unter den zahlreichen Formen des Schweigens auch das »bestätigende Schweigen«: Man sagt überhaupt nichts und lässt die andere Seite in dem Glauben, deren Vermutung treffe zu. Damit hätte dann Eileen Ricarda durch bloßes Nichtstun in die Irre geführt, was insofern nicht weiter tragisch gewesen wäre, als Letztere sich eh nicht von den lautersten Absichten in Bezug auf ihre Rivalin hat leiten lassen. Aber bei einer strengeren Betrachtungsweise hätte Eileen sich dann wohl einer Lüge schuldig gemacht, zumindest jedoch einer halben. Es hängt allerdings ganz davon ab, welche Informationspflicht man Eileen zuschreibt.

Die Konsequenzen dieser halben, ganzen oder auch Garnicht-Lüge(je nach moralischer Rigidität der Betrachter) wären, wie gesagt, in diesem Fall nicht weiter tragisch gewesen, aber ein bestätigendes Schweigen, das den Adressaten bewusst in die Irre führt, kann auch eine ganze Lawine von Ereignissen lostreten.

Das Drehbuch des Films »Der talentierte Mr. Ripley« *(USA 2000, Regie: Anthony Minghella, mit Matt Damon in der Titelrolle)* nimmt seinen Ausgang von folgender Situation:

Tom Ripley, Amateurpianist, der sich mit wenig prestigeträchtigen Jobs durchschlägt (Schuhputzer und Toilettenmann in einem Grand Hotel) muss für einen verhinderten Kollegen am Piano auf einer Gartenparty an der US-Ostküste einspringen. Er tritt dort mit einem geliehenen Blazer auf, der das Emblem der Universität Princeton trägt, und wird von einem der Gäste, Mr. Greenleaf, prompt angesprochen: »Sie müssten meinen Sohn Dickie kennen, Absolventen-Jahrgang 1956.« Statt diese gar zu wohl wollende Unterstellung in korrekter Form zu »bearbeiten«, fragt Ripley nur zurück: »Wie geht's ihm?«, und bekommt sofort den großzügig dotierten Auftrag, jenen Taugenichts von Sohn, der sich südlich von Neapel dem dolce far niente ergibt, in die heimischen Gefilde – soll heißen: in die väterliche Firma – zurückzuholen. Eine Hochstapler-Karriere nimmt ihren Lauf. Ripley begeht sogar mehrere Morde (u.a. an dem Sohn von Mr. Greenleaf), um seine wahre Identität zu verschleiern. Und die Grundlage von allem ist ein unterlassenes Dementi.

Durch Schweigen kann man eine zutreffende Vermutung bestätigen oder jemanden täuschen.

Natürlich kann man durch Schweigen auch eine Vermutung bestätigen, die durchaus zutreffend ist. Aber das wäre dann kein Problem, auf das ich hier des Näheren eingehen müsste. Das Problem jedoch hat derjenige, der Opfer des bestätigenden Schweigens wird; in dem

Film ist es Mr. Greenleaf. Opfer wirken allerdings nicht nur gelegentlich an ihrer Opferrolle mit. In diesem Fall ist es dessen Vertrauensseligkeit, die ihn von weiteren Recherchen über die Person des Tom Ripley abhält.

Noch einmal der kommunikative Sog:

»Wie soll das jetzt bitte mit uns weitergehen?«

Bei dem Wort »Sog« musste ich an meinen Staubsauger denken.[27] Im Englischen heißt er »vacuum cleaner«. Das macht die Sache ja auch gleich viel deutlicher: Es wird ein Unterdruck (vacuum) erzeugt, dem Staubpartikel, Wollflusen und alles Sonstige, was einen auf dem Teppichboden stört, sich einfach nicht entziehen können. Genauso ist es, wenn Sie die Vakuumverpackung eines Nahrungsmittels an der Spitze anscheiden: Sie saugt die Luft zischend an. Bei dem »kommunikativen Sog« ist das ja ganz ähnlich: Bei entsprechender Dosierung ist es extrem schwer, sich ihm zu entziehen. Eileen aus dem Kapitel zuvor hat es jedenfalls nicht geschafft, abgesehen davon, dass dies wohl auch nicht ihr Ehrgeiz zu sein schien. Man muss sich also zu diesem Sog irgendwie verhalten. Vorausgesetzt natürlich, die Sogwirkung ist wie gesagt auf hinreichende Stärke eingestellt. Kollege Z. (Sie erinnern sich) hatte seinen »Staubsauger« zaghafterweise nur auf »schwach« gestellt. Das reichte ganz einfach nicht. Das öffnet keine Schleusen, jedenfalls in der betreffenden Situation nicht. Kollege S. konnte sich darauf beschränken, zu lächeln und an den passenden Stellen der Erzählung fromm zu nicken.

Ich möchte Horst Schroth noch einmal zitieren, diesmal mit einer Passage aus »Herrenabend«, gleichfalls aus den

Hamburger »Kammerspielen« und gesendet auf NDR III. Schroth, wieder in der Rolle des Fett absaugenden Schönheitschirurgen Dr. Moritz Schneider, schildert die Situation, in der seine Beziehung zu Lou, seiner späteren Frau (und noch späteren Ex-Frau) eine entscheidende Wendung nimmt:

([...] = meine Auslassungen; ... = unvollständige Äußerungen im Original)

»Und der point of no return, der kam in Düsseldorf, in Düsseldorf, das werd ich dieser beknackten Stadt auch nie verzeihen. An einem Samstagnachmittag um drei. Da waren wir unterwegs, wahrscheinlich, ich weiß nicht mehr, zu einer Ausstellungseröffnung, nehm ich mal an, saßen im Straßencafé, das Wetter war schön, ich hatte so'n Cappuccino da stehen, sitz da rum, denk an nichts Böses, im Klartext: ich denk an nichts [...], das können wir sehr schön, genau genommen unser Normalzustand [...], ich sitz jedenfalls da, denk an nichts, und da guckt die Lou mich von der Seite an mit diesem ganz bestimmten Blick, die Männer kennen diesen Blick [...], diesen Blick, den man sonst nur auf Fotos sieht bei Soldaten, die gerade im Begriff sind, ein fremdes Land zu besetzen. Mit diesem Blick guckt die mich an. Und [Lou:] Ja, wie das weitergehen soll, will ich wissen.

[Dr. M. S.:] Ja, wie weiter? Ich denke, wir gehen jetzt zur Ausstellungseröffnung.

[Lou:] Nein, wie das *mit uns* weitergehen soll, wie das *mit unserer Beziehung* [...] weitergehen soll. Und jetzt machen die meisten Männer leider einen ganz verhängnisvollen Fehler. Statt sofort einen Dialog aufzugreifen, zu sagen: ›Moment mal!‹ [...], kriegen die meisten Männer

Schiss, brechen vor lauter Angst das Gespräch ab und reagieren vor Panik mit einem Heiratsantrag. Heiratsanträge sind Panikreaktionen, nichts weiter.«

Dr. M. Schneider wird jetzt zwar sehr allgemein, er meint aber sich, denn er reagierte mit einem Heiratsantrag. Die Frage: »Wie soll das jetzt mit uns weitergehen?« ist in all ihrer scheinbaren – aber eben nur scheinbaren! – Banalität ein kleines Kunstwerk. Lou unterstellt nämlich als gewissermaßen selbstverständlich,

- dass die Weiterführung ihrer Beziehung zu Dr. M. Schneider (»das mit uns«) überhaupt, nämlich »jetzt«, der Definition, vielleicht auch der Neuverhandlung bedarf,
- dass *er* diese Frage zu beantworten hat und nicht sie,
- dass *er* mit der Antwort, wie auch immer die ausfällt, die Verantwortung für alles Weitere übernimmt.

Außerdem und ganz wichtig: Lou vermeidet das Wort »Heiratsantrag«, obwohl dieses Wort der alleinige »Fluchtpunkt« ihrer Frage ist. Dr. M. Schneider hätte mindestens die folgenden Optionen gehabt, schafft es aber nicht, eine davon zu realisieren. Ich meine die Folgenden:

- »Ich verstehe deine Frage nicht«;
- »So wie bisher« oder in etwas erweiterter Form dieselbe Antwort: »Wenn es optimal läuft – so wie jetzt mit uns –, dann ändern wir am besten gar nichts.«
- »Sag du doch mal, wie das mit uns jetzt weitergehen soll. Würd' mich auch interessieren.«

Bei der zweiten Alternative hätte er möglicherweise riskiert, dass Lou sich sofort oder etwas später von ihm trennt. Die Vermutung liegt mehr als nahe, dass ihm genau diese Vorstellung Angst machte (»Panikreaktion«), obwohl eine Trennung ja auch sie ge- und betroffen hätte. In jedem Fall hat er aber gar nicht erst versucht herauszufinden, wie ihre Reaktion im Fall welcher Antwort aussehen könnte. Wahrscheinlich hat ihm die dafür wohl nötige Zocker-Mentalität gefehlt, die sich mit authentischer Verliebtheit allerdings wohl nur in Ausnahmefällen verträgt. Der Sogwirkung ihrer etwas unbestimmt klingenden (»das mit uns«), aber auf etwas sehr Konkretes (Heiratsantrag) zielenden Frage konnte er sich jedenfalls nicht entziehen. Vermutlich ist genau das gemeint mit dem Kommentar, die meisten Männer machten »jetzt leider einen ganz verhängnisvollen Fehler«. Der besteht darin, gewissermaßen »kampflos« (keine Gegenfrage! gar nichts!) sich den Forderungen der anderen Seite – und auch ein(e) Partner(in) ist immer »die andere Seite« – zu unterwerfen.

Welche Rolle die Körpersprache – in diesem Fall das Blickverhalten von Lou – in der Kommunikation spielt, das kommt in der zitierten Passage sehr schön zum Ausdruck.

Teil V

Den Ball zurückgespielt

Schlagfertigkeit für Anfängerinnen und Anfänger

Sie müssen nicht schlagfertig sein. Sie müssen es wirklich nicht. Wenn Sie etwas müssen, dann ziehen Sie eine Schraube fest, tanken Sie nach oder zahlen offene Rechnungen. Schlagfertigkeit ist von einer ganz anderen Sorte. Wenn Sie schlagfertig sein *müssen*, dann *sind* Sie es bestimmt nicht. Beim *Flirt* ist es übrigens genauso, wie folgende Passage sehr schön demonstriert:

»Die totale Leere im Kopf. Es ist der Moment, in dem nur das richtige Wort zählt. Die Augen wandern zur Decke, zum Boden. Ein Kompliment muss her. Ein umwerfendes. … Doch mehr als ›Dein Lächeln ist schön‹ kommt nicht über die Lippen … Das Lächeln versteinert.«[28]

Wenn etwas *her muss*, dann ist die Spontaneität gestorben. Also: Nehmen Sie bitte zunächst den Druck aus der Situation (»ich muss«). Vor allem befreien Sie sich von dem Druck, Sie *müssten unbedingt* etwas Geistreiches sagen. Müssen Sie auch nicht. Unter Druck ist man alles mögliche, aber bestimmt nicht schlagfertig und nicht geistreich. Unter Druck blockiert man. Schlagfertigkeit hat also viel mit Kreativität zu tun, denn unter Druck ist man auch nicht kreativ.

Finden Sie, Sie sind »so überhaupt nicht schlagfertig«? Sind Sie da wirklich so sicher? Ich wette, Sie sind es doch. Nur vielleicht nicht immer dann, wenn Sie es gerne wären. Gehen Sie doch bitte Ihre Erinnerungen bezüglich der beiden folgenden Fragen durch:

- Haben Sie noch nie den Hörer aufgelegt, wenn Sie absolut keine Lust hatten, ein Gespräch weiterzuführen? Vielleicht weil Ihr(e) Gesprächspartner(in) angefangen hat, Sie anzupöbeln?
- Haben Sie noch nie wortlos den Raum verlassen, wenn man Sie vor versammelter Mannschaft oder auch nur unter vier Augen beleidigen oder lächerlich machen wollte? Auch ein solcher Kommunikationsabbruch ist Schlagfertigkeit, nur eben eine ohne Worte.

Denn man muss nicht unbedingt Sprache benutzen. Manchmal sind Worte nämlich überflüssig. Und noch eines ist wichtig: Man sollte beim Schlagfertigkeitstraining zunächst den *Kontrollverlust vermeiden.* Das heißt: In einer bestimmten Situation soll möglichst nichts passieren, was Sie nicht wollen. In den beiden soeben genannten Beispielen für nonverbale Schlagfertigkeit ist genau das der Fall: Wenn Sie die Kommunikation im Ihnen geeignet erscheinenden Augenblick abbrechen, behalten Sie die Kontrolle, d. h. es passiert nichts, was Sie nicht wollen. Das also ist die Basis, auf der Sie Ihre Schlagfertigkeit aufbauen:

- Wenn Sie die Szene verlassen, auf der man Sie in Gegenwart anderer bloßstellen will, behalten Sie die Kontrolle. Dadurch nämlich, dass Sie gleich nicht mehr da sind.
- Sie behalten die Kontrolle auch dann, wenn Sie sich entschließen, gar nicht zu antworten, und dem Partner ganz einfach nur in die Pupille schauen. Das heißt: Sie lassen

sich nicht den Zeitpunkt Ihrer Reaktion aufzwingen. Den bestimmen Sie selbst.
- Ebenso, wenn Sie auf eine Bemerkung oder einen Einwand überhaupt nicht reagieren. Weil Sie nicht reagieren wollen.
- Und nicht anders ist es, wenn Sie am Telefon unvermutet beschimpft werden. Dann legen Sie den Hörer einfach auf. Wiederum weil Sie nicht reagieren wollen.

Was Sie daraus sehen können: Auch ein kalkuliertes Nicht-Handeln ist Handeln. *Auch die Nicht-Reaktion kann eine adäquate Reaktion sein.* Wenn Sie diese Nicht-Reaktion im Ihnen passenden Augenblick einsetzen – und das haben Sie bestimmt schon oft getan –, dann ist auch das Schlagfertigkeit. Nur eben eine von der etwas anderen Sorte: Es gibt nämlich, ich sagte es schon, auch eine *nonverbale Schlagfertigkeit.* Denn:

Schlagfertigkeit ist nicht immer an Sprache gebunden.

Damit hätten wir den Begriff der »Schlagfertigkeit« erweitert. Und diese Erweiterung entlastet – das ist meine Überzeugung, aber auch meine eigene Erfahrung – von dem Druck, immer sprachlich reagieren zu müssen. Zugegeben: nicht gerade beim Flirt. Der ist von Sprache nun wirklich schwer zu trennen, und da wäre auch meine Kompetenz an ihre Grenzen gestoßen. Aber wenn das Ihr Problem sein sollte, fragen Sie in Ihrer Buchhandlung nach einem der zahlreichen Flirt-Ratgeber …

Im nächsten Schritt kommt die Sprache hinzu. Nehmen wir an, Sie werden angegriffen und halten es jetzt aber doch für angezeigt, irgendwie zu reagieren. Da gibt es mehrere Möglichkeiten:

- *Noch einen drauf setzen* (»Es ist noch viel schlimmer mit mir, als du denkst«).
- *Die »Langweiler«-Übung* (»Das hat meine Oma schon gesagt, als ich drei Jahre alt war«). Der Langweiler ist in diesem Fall Ihr(e) Aggressor(in), insofern er/sie Dinge sagt, die andere auch schon gesagt haben. Ob die Sache mit der Oma jetzt hundertprozentig korrekt ist, wollen wir dabei nicht zu genau untersuchen. Man kann alles übertreiben. Auch die Wahrheitsliebe …
- *Auf Zeit spielen:* Man tut schwerhörig, abwesend, zerstreut, leicht vertrottelt, hat also die Initiative nicht verstanden, bittet um Wiederholung, entschärft sie dadurch und kann sich in der Zwischenzeit eine Reaktion ausdenken. Denn: *Wiederholungen entschärfen den Effekt eines verbalen Angriffs.* Man hat jedenfalls die Chance, dass einem in der Zwischenzeit etwas einfällt.

Dritter Schritt: Standardsituationen werden mit Standardmitteln bewältigt, und die lassen sich lernen. Man kann sich nicht auf alle Situationen des Lebens einstellen, wohl aber auf die wiederkehrenden. Das Leben wiederholt sich, jedenfalls zum Teil.

Unser argumentatives Repertoire ist ein Ensemble von Elementen, das über längere Zeit hinweg konstant bleibt. In den Kapiteln über die Topoi bzw. das topische Argumentieren konnten wir das mehrfach sehen. Der »Topos des maßgeblichen Urteils« und der »Topos des Althergebrachten«, um nur diese beiden zu nennen, werden schon seit Jahrhunderten in der Argumentation gebraucht. Ebenso, wie bereits festgestellt, der »Topos des Mehr und des Minder«. Denn: Das Leben ist nicht nur innovativ, es ist auch repetitiv. Da wir in einer Zeit umwälzender Neuerungen (Internet, Mobilfunk …) leben, übersehen wir sehr leicht, dass sich im Leben vieles auch wiederholt (erinnert sei an dieser Stelle an Kap. 2: »Routine entlastet«).

Es passieren Dinge, die man schon einmal, und solche, die man noch nie erlebt hat. Beim Schlagfertigkeitstraining sollte man bei ersterem ansetzen. Man sagt ja auch: »Das habe ich (so oder so ähnlich) schon einmal erlebt.« Oder: »So etwas wie das, was du gerade erzählst, habe ich auch schon erlebt.«

Sie werden übrigens nach einiger Zeit Folgendes an sich selber feststellen: Je häufiger Sie solche Standardsituationen in Ihrem Sinne bewältigt haben, desto mehr wächst Ihnen auch die Lockerheit zu, die für verbale Reaktionen in ungewohnten Situationen ganz entscheidend ist.

»Die Frage hab' ich nicht verstanden.«

Metakommunikation

Was Kommunikation ist, ist soweit klar, aber was bedeutet »Metakommunikation«, dieses komplizierte griechisch-lateinische Wort? Es ist wie so oft: Der Ausdruck ist ebenso kompliziert, wie die Sache einfach ist, die er bezeichnet. Denn Metakommunikation – das ist etwas, was wir jeden Tag machen, auch ohne dass wir den Begriff dafür kennen. Wir reden nämlich nicht nur über die Welt da draußen, über das Wetter oder die Börsenkurse. Wir machen auch unsere Kommunikation miteinander selbst zum Thema. Wir wechseln damit die Gesprächsebene. Und das tun wir oft dann, wenn die Kommunikation selbst problematisch wird, zum Beispiel wenn wir Streit miteinander haben oder wenn wir einander nicht richtig verstehen. Typische metakommunikative Redewendungen sind die Folgenden:

- Würden Sie Ihren Namen bitte buchstabieren?
- Schreibt sich *Schmidt* mit »dt« oder mit »doppel-T«?
- Wie hast du das gemeint?
- Meinen Sie mich oder ihn?
- Das war so in Kladde geredet.
- Ihre Frage geht am Problem vorbei.
- Und so was musst ausgerechnet du sagen!

Die Wendung der Überschrift stammt aus einer x-beliebigen Tageszeitung, und Henry Kissinger, der Ex-Außenminister der USA, soll sie geäußert haben, aber ich nehme an, das Copyright wird er nicht beanspruchen.

Kissinger hat im Kontext dieser Situation übrigens kein Kooperationsangebot gemacht, etwa zurückgefragt: »Wie haben Sie das gemeint?«, um eine gemeinsame Verständigungsplattform herzustellen und sich dann eine Antwort zu überlegen. Wir wollen natürlich an seiner Stelle auch nicht antworten. Statt dessen wollen wir uns jetzt zwei ebenso simple Fragen stellen:

– »*Warum* hat Kissinger so reagiert?« Und
– »Warum hat er *so* reagiert?«

Die erste Antwort ist schnell gegeben: Kissinger schmeckte die Frage vermutlich gar nicht. Die zweite braucht etwas mehr Platz: Eine Frage »verstehen« kann mehreres bedeuten: *ihren Inhalt verstehen*, aber auch: *ihre Motivation verstehen*. Weshalb sie überhaupt gestellt wird, und mit welcher Zielrichtung. Und »verstehen« wiederum – jetzt verzeihen Sie mir bitte meine Umständlichkeit! – kann bedeuten: »verstehen können« oder »verstehen wollen«. Aller Wahrscheinlichkeit nach geht es um die Motivation des Fragers bzw. der »Fragerin«. Und vermutlich auch darum, dass der damalige US-Außenminister keine Lust hatte, sich mit dieser Motivation überhaupt des Näheren zu beschäftigen. In jedem Fall macht er die Kommunikation selbst zum Thema, er begibt sich auf die metakommunikative Ebene und gibt der Gegenseite dieses zu verstehen: »Sie müssen sich mit Ihren Fragen schon auf mich einstellen (und nicht umgekehrt), wenn Sie etwas von mir wollen.«

Kissinger wird es uns kaum verübeln, wenn wir ihn plagiieren, denn diese Reaktion ist eine Mehrzweck-Verteidigung, falls eine Situation eine schlagfertige Reaktion von Ihnen verlangt. Angriffe gegen uns werden ziemlich häufig mithilfe einer Frage vorgetragen, natürlich einer, die uns in Verlegenheit setzen soll. Da kann es ganz hilfreich sein, wenn man

- keinerlei Kooperationsangebot macht,
- der Gegenseite die Verantwortung zuschiebt dafür, dass man selbst mit der Frage »nichts anfangen« kann, und damit schließlich
- die Verpflichtung los ist, jene lästige Frage irgendwie zu »bearbeiten«.

Dies alles wohlgemerkt spielt sich ohne Worte ab. Denn vieles in unserer Kommunikation wird nicht gesagt – aber mitgemeint. Es sind insbesondere die Verpflichtungen und Verantwortungen. Die Frage, »wer was muss« also. Wichtig ist nur, dass man sich klar macht, was da alles nicht gesagt wird. Ein genialer Kommunikator wie Henry Kissinger hatte offensichtlich keine Probleme damit. Aber auch bescheidenere Talente – sagen wir: Politiker der »Bezirksklasse« – haben eines gelernt, bevor sie überhaupt ein Mikrofon vor dem Mund haben: Von bestimmten Zwängen der eigenen mentalen Programmierung muss man sich befreien. Wir haben zwar als Kinder fast alle gelernt, dass man höflich sein soll, und dazu gehört es, Fragen zu beantworten, wenn sie einem gestellt werden. Dieses Verhalten kann aber gefährlich werden, wenn man nämlich genau die Fragen beantwortet, zu denen man besser den Mund gehalten hätte.

Machen wir uns eines klar: Ein Schnellschuss ist nicht von vornherein etwas Negatives, denn wenn Sie reagieren wollen oder auch müssen, dann bitte nicht erst zwei Stunden später, denn das wäre wirklich zwei Stunden zu spät. Hauptsache also, der Schuss geht in die richtige Richtung. Stören Sie sich bitte nicht an der vielleicht etwas militanten Metaphorik. Den Ausdruck »Wortgefecht« akzeptieren Sie doch auch, oder?

Hier einige Vorschläge, wie Sie in Standardsituationen schnell reagieren können:

Jemand klebt Ihnen ein Etikett auf:

- »Du kannst mich nennen, wie du willst.«
- »Es ist mir völlig egal, wie Sie mich nennen.«

Jemand sagt Ihnen, Sie hätten seine/ihre Erwartungen arg enttäuscht:

- »Tut mir Leid, dass ich unter deinen/Ihren Ansprüchen liege.«

Jemand stellt Ihnen eine Frage, mit der Sie sich nicht auseinander setzen möchten:

- »Tut mir Leid, die Frage habe ich nicht verstanden.«
- »Mit der Frage kann ich leider nichts anfangen.« (*Leider* können Sie auch gerne weglassen.)
- »Ich habe keine Lust, mich auf Ihre Frage einzulassen.«

Jemand fordert Sie zu einer Rechtfertigung auf, und Sie sind der Meinung, diesbezüglich niemandem etwas schuldig zu sein:

- »Ich rechtfertige mich nicht.«
- »Ich schulde Ihnen keine Rechtfertigung.«

Diese Empfehlungen – und alle Sonstigen in diesem Buch – gebe ich Ihnen unter folgendem Vorbehalt: Natürlich kenne ich die konkrete Situation nicht, in der Sie kontern müssen oder wollen. Ob die andere Seite nicht vielleicht doch im Recht ist mit der Legitimation ihrer Frage an Sie oder mit den Ansprüchen, unter denen Sie vermeintlich liegen, kann ich deshalb ebenso wenig beurteilen. Mir geht es um das Problem der verbalen Schützenhilfe. Und selbst wenn Ihr(e) Gegner(in) das Recht auf seiner/ihrer Seite haben sollte: *Recht haben* und *Recht bekommen*, d. h. sich durchsetzen, sind, wie wir alle wissen, nicht dasselbe.

ANMERKUNGEN

Sofern nicht anders vermerkt, zitiere ich bei wörtlichen Redewiedergaben aus dem Gedächtnis.

1. Das Wort »Kommunismus« hat nicht nur eine Familienähnlichkeit, sondern gehört auch zu dieser Wortfamilie.
2. Bei diesen Überlegungen orientiere ich mich an Reinhard Fiehler, der zwei Auffassungen von Kommunikation einander gegenüberstellt: «Kommunikation als Übertragung von Information« und »Kommunikation als gemeinsame Aushandlung von Sachverhalten und sozialer Wirklichkeit« (zitiert nach Florian Menz, in: Fiehler 1998, S. 137f.). Nur die zweite dieser beiden Auffassungen spielt in meiner Darstellung eine Rolle. Ich riskiere gern die Behauptung: Sie ist auch die interessantere.
3. Fragen und Imperative unterscheiden sich oft von Aussagen hinsichtlich ihres Nötigungscharakters. Jedenfalls im Grundsatz. Bei Aussagen ist in der Regel nur gefordert, ihnen nicht gerade mit demonstrativer Unaufmerksamkeit zu begegnen. Von gelegentlichen Betroffenheitsbekundungen, die nötig sein können, einmal abgesehen. Auf Fragen und Aufforderungen muss man substanziell reagieren, und zwar in einer Weise, die durch deren Inhalt vorgegeben wird. Rhetorische Fragen machen hier eine Ausnahme.
4. Das Konzept der Komplizenschaft lässt sich auch anders begründen, wobei diese Begründung durchaus nicht im Widerspruch zum obigen Text steht: Man muss davon ausgehen, dass Menschen ihr eigenes Verhalten normal finden und andere Menschen gern dazu bringen, dies auch zu tun, d.h. ihnen zuzustimmen. Das kann gehen bis zur Aufforderung, denselben Göttern zu opfern, also bis hin zu Glaubenskriegen. Viele Konflikte ergeben sich aus dieser Grundkonstellation, d.h. der Positionierung des eigenen Verhaltens im »Normalbereich». »Normal« ist aber keine Qualität wie »rot« oder »blau«, normal ist

das, was dafür gehalten wird. Das kann sich ändern, das kann man anders sehen.

5. Andere zu Komplizen seiner eigenen Sehweise zu machen, das kann in bestimmten Fällen auch ganz einfach Manipulation bedeuten. Es macht einen Unterschied, ob man von Europa als einem »gemeinsamen Haus« oder einer »Festung« oder gar einem »Bollwerk« spricht. In diesen Zusammenhang gehört auch der implizite Vergleich zwischen dem Wirtschaftsgeschehen und einem Automotor sowie zwischen Geld und Benzin/Öl (vgl. Kap. 2).
6. Diese Passage verdankt sich einer Feststellung von Ulrich Engel (Deutsche Grammatik, S. 785).
7. Eine etwas »wissenschaftlichere« Analyse ist vielleicht nicht ganz unnütz: In diesem Zitat werden Geld und Benzin/Öl ja nicht explizit miteinander verglichen, d.h. es fehlt eine Vergleichspartikel (*wie*). Aus diesem Grund liegt hier eine Metapher vor, und zwar eine Metapher in argumentativer Funktion. Vgl. M.-C. Bertau, Sprachspiel Metapher, S. 234 und 302 (vgl. Literaturverzeichnis).
8. Vorsicht, Klugheit und Feigheit sind nicht immer eindeutig voneinander zu trennen, ebenso wenig wie Risikobereitschaft, Tollkühnheit und – Dummheit. Besonders schwierig wird es dann, wenn die Situationen, um die es geht, noch bevorstehen. Wenn Privatpersonen sich über das Verhalten von Personen ihres Bekanntenkreises oder der Verwandtschaft bei Bundes- oder Landtagswahlen unterhalten, dann fällt nicht selten der Ausdruck »stramm«. Das sind normalerweise die Wähler der »anderen« Partei. Es stellt sich leicht eine assoziative Nähe zur Dummheit ein. Man selber wählt (natürlich!) mit Bedacht und Klugheit und Flexibilität, also nicht »stramm«. Allenfalls ist man selbst ein(e) »treue(r)« SPD/CDU/CSU/FDP/Grünen-Wähler(in) …
9. In bestimmten Extremsituationen sind Wahrnehmungen und Bewertungen schwer auseinander zu halten. Wer es nicht glaubt, der/die versuche es einmal
   a) mit einem Sprung in sehr kaltes Wasser,

b) einem sehr langen und intensiven Kuss.
Wahrscheinlich ist Ihre Zeit ohnehin etwas knapp. Dann beschränken Sie sich auf Variante b).

10. Das Problem der Verwendung von Wörtern wie »äh« liegt in ihrer Häufung, nicht darin, ob es jemand überhaupt benutzt. Wenn es allerdings nach jedem dritten Wort vorkommt, dann und nur dann bereitet es Unbehagen, der betreffenden Person zuzuhören.
11. Vielleicht interessiert es Sie ja doch, was die genannten Modalpartikeln bedeuten. »Mal« in »Ruf doch mal an!« verwendet man dann, wenn unterstellt wird, es handle sich um eine Bitte oder Aufforderung, der man mit wenig Aufwand nachkommen kann. Bei »doch« ist mitgedacht, dass die Adressaten auch anders können, nämlich: nicht anrufen. »Überhaupt« schließlich problematisiert neben den Kompetenzen der angeredeten Person auch gleich eben diese ganze Person mit. Es macht einen Unterschied, ob ich frage: «Verstehst du etwas von Computern?«, oder: «Verstehst du überhaupt etwas von Computern?«.
12. Mit diesem Thema beschäftigt sich mein Buch »Schlaue Antworten auf fiese Fragen« (vgl. Literaturverzeichnis).
13. In einem ähnlichen Sinn präzisiert auch Clemens Ottmers: «Argumentationen sind also nicht ausschließlich nur auf Kontroversen beschränkt, sondern auch in Darstellungen notwendig, bei denen der Autor oder Rhetor den 'Gang' seines Textes oder seiner Rede plausibel machen muß.« (Ottmers 1996, S. 65f.) Diese Notwendigkeit der Plausibilisierung gilt für alltagssprachliche Argumentationen natürlich ganz genau so.
14. Vgl. Bernd Latour, Um keine Antwort verlegen, S. 91f.
15. »Schlußregeln sind ein Teil des gemeinsamen Weltwissens in einer Sprechgemeinschaft und werden deshalb in der Argumentation oft als implizite Prämissen vorausgesetzt. Dabei gilt natürlich nur für einen Teil des Weltwissens, daß er von allen Mitgliedern einer Sprechgemeinschaft in gleicher Weise akzeptiert wird bzw. für sie verbindlich ist«. (Kienpointner, 1992, S. 46) Der Autor meint mit dem Ausdruck »Schlussregeln« das, was er in anderen Kontexten unter der Rubrik »Topoi« führt.

Wichtig ist mir, dass auch er auf die Implizitheit von Topoi in der Alltagsargumentation hinweist.

16. Erfolge bzw. Misserfolge in der alltäglichen Lebenspraxis hängen stark von erfolgreichen Vermutungen über die Zukunft ab: Das gilt im Leben jedes/r Einzelnen, aber ebenso auch für Wirtschaftsunternehmen: »Das Schicksal einer Bank entscheidet sich zu allererst an der Richtigkeit der im Führungskreis vorherrschenden Zukunftsannahmen.« (»Bank der Zukunft«, Verlagsbeilage der FAZ am 10.04.2002)
17. Ich sah vor einiger Zeit ein T-Shirt mit dem Aufdruck: »Love is a Battlefield« (Zitat eines Hits von Pat Benatar). Es gibt Übertreibungen, die zumindest, was die Konfliktrhetorik im Alltag anlangt, ins Schwarze treffen.
18. Meine Bücher »Um keine Antwort verlegen«, »Schlaue Antworten auf fiese Fragen« sowie »Wortattacken wirksam kontern« enthalten eine ganze Reihe von Hinweisen und Tipps, wie man sich sprachlich zur Wehr setzen kann (vgl. Literaturverzeichnis).
19. Den Komplex der argumentativen Abwehr von Kritik habe ich etwas ausführlicher behandelt in »Um keine Antwort verlegen«, S. 52–63.
20. Vgl. »Um keine Antwort verlegen«, S. 57–58.
21. Den Namen für diesen Topos verdanke ich der ausgezeichneten Einführung in die Werbesprache von Nina Janich (vgl. Literaturverzeichnis).
22. Fundort dieses Zitats ist die Dependance des Guggenheim-Museums in South Manhattan. In sehr freier Übersetzung: »Vor der Wahl zwischen zwei Übeln entscheide ich mich gewöhnlich für dasjenige, mit dem ich noch keine Erfahrungen gemacht habe.« In Europa würde die Wahl wohl eher auf das kleinere Übel von beiden fallen, unabhängig vom Bekanntheitsgrad, aber hier liegen eben verschiedene kulturspezifische Vorstellungswelten zugrunde.
23. Diese Geschichte ist authentisch. Der betreffende Lehrer selbst hat sie mir erzählt.
24. Obwohl ich mich seinerzeit im Studium mit dieser Epoche der

deutschen Literatur lange und intensiv beschäftigt habe, kann ich Ihnen die Lektüre solcher Versromane nur dann empfehlen, wenn Sie mit dem Mittelhochdeutschen ohne größere Mühe zurechtkommen (aber dann kennen Sie die wahrscheinlich sowieso). Mit dem literarischen Rang der Werke von Hartmann von Aue hat das nichts zu tun.

25. Die Aufzeichnung sendete NDR III am 30.11.2002 (den Hinweis auf diese Sendung verdanke ich Dr. Reimund Lange-Hückstaedt). Die im Folgenden wiedergegebene Textpassage basiert auf einem Videomitschnitt.
26. In »Herrenabend« (gleichfalls am selben Datum vom NDR III ausgestrahlt) kommt Horst Schroth zu der vielleicht nicht unbedingt überraschenden, aber bisher auch noch nicht überzeugend widerlegten Feststellung: »Frauen haben die höhere soziale Kompetenz«.
27. Nach Abschluss des Manuskriptes stieß ich auf die Sauge-Metapher bei Matthias Nöllke, »Schlagfertigkeit«, S. 109ff. (vgl. Literaturverzeichnis), der sie jedoch etwas anders konturiert und ihr die Bezeichnung »Gegensog» gibt. Auf weitere Einzelheiten möchte ich an dieser Stelle nicht eingehen.
28. Steven Jörgensen. Entscheidende Augenblicke. In: SALZ. Hochschulzeitung für Hamburg, Ausgabe 2, November 2002, S. 20.

LITERATUR

Aristoteles. Rhetorik. Übersetzt, mit einer Bibliographie, Erläuterungen und einem Nachwort von Franz G. Sieveke. 4. Aufl. (= UTB 159). W. Fink Verlag, München 1993, ii + 354 S.

Bayer, Klaus. Argument und Argumentation. Logische Grundlagen der Argumentationsanalyse. (= Studienbücher zur Linguistik, Bd. 1). Westdeutscher Verlag, Opladen/Wiesbaden 1999, 248 S.

Berger, Peter L./ Thomas Luckmann. Die gesellschaftliche Konstruktion der Wirklichkeit. Fischer Taschenbuch, Frankf./M. 1980, XIX + 217 S.

Berne, Eric. Spiele der Erwachsenen. Rowohlt, Reinbek b. Hamburg 1967

Bertau, Marie Cécile. Sprachspiel Metapher. Denkweisen und kommunikative Funktion einer rhetorischen Figur. Westdeutscher Verlag. Opladen 1996, 324 S.

Blumenberg, Hans. Anthropologische Annäherung an die Rhetorik. In: Kopperschmidt, Josef (Hrsg.), Rhetorik, Bd. II. Wirkungsgeschichte der Rhetorik. Wissenschaftliche Buchgesellschaft, Darmstadt 1991, vii + 464 S., hier S. 285-312

Classen, Carl Joachim und Heinz-Joachim Müllenbrock (Hrg.). Die Macht des Wortes. Aspekte gegenwärtiger Rhetorikforschung. (= Ars Rhetorica, Bd. 4). Hitzeroth, Marburg 1992, 273 S.

Classen, Carl Joachim. Die Rhetorik im öffentlichen Leben unserer Zeit. In: Classen/Müllenbrock, a.a.O. (Hrsg.), S. 247-267

Eggs, Ekkehart. Argumentation. In: Historisches Wörterbuch der Rhetorik, hrsg. von Gert Ueding. Bd. 1, A-Bib. M. Niemeyer Verlag Tübingen 1992, col. 914-986

Engel, Ulrich. Deutsche Grammatik. J. Groos Verlag. Heidelberg 1988, 888 S.

Fiehler, Reinhard und Wolfgang Sucharowski (Hrsg.). Kommunikationsberatung und Kommunikationstraining. Anwendungsfelder der Diskursforschung. Westdeutscher Verlag. Opladen 1992, 396 S.

Fiehler, Reinhard (Hrsg.). Verständigungsprobleme und gestörte Kommunikation. Westdeutscher Verlag. Opladen/Wiesbaden 1998, 304 S.

Goffman, Erving. Interaktionsrituale. Suhrkamp, Frankfurt/M. 1971

Goffman, Erving. Das Individuum im öffentlichen Austausch. Suhrkamp. Frankfurt/M. 1974

Gruber, Helmut. Streitgespräche. Zur Pragmatik einer Diskursform. Westdeutscher Verlag, Opladen 1996, 354 S.

Hannken-Illjes, Kati. Gute Gründe geben. Ein sprechwissenschaftliches Modell argumentativer Kompetenz und seine didaktischen und methodischen Implikationen. Verlag P. Lang, Frankf./M. u.a. 2004, 206 S.

Henne, Helmut/Rehbock, Helmut. Einführung in die Gesprächsanalyse. 2. verb. u. erw. Aufl. de Gruyter, Berlin/New York 1982

Hinnenkamp, Volker. Missverständnisse in Gesprächen. Eine empirische Untersuchung im Rahmen der interpretativen Soziolinguistik. Westdeutscher Verlag, Opladen 1998

Holzamer, Karl. Philosophie. Einführung in die Welt des Denkens. Unter der Mitarbeit von Bernd Latour. Pattloch Verlag, Augsburg 1990, XIII + 484 S.

Janich, Nina. Werbesprache. Ein Arbeitsbuch. Gunter Narr Verlag, Tübingen 1999, 247 S.

Kallmeyer, Werner (Hrsg.). Gesprächsrhetorik. Rhetorische Verfahren im Gesprächsprozess. G. Narr Verlag, Tübingen 1996

Kant, Immanuel. Auswahl und Einleitung von Hans-Georg Gadamer. Fischer Bücherei, Frankfurt/M. 1960, 216 S.

Kienpointner, Manfred. Argumentationsanalyse. Innsbruck 1983, 234 S.

Kienpointner, Manfred. Alltagslogik. Struktur und Funktion von Argumentationsmustern. Fromann-Holzboog Verlag. Stuttgart-Bad Canstatt 1992, 447 S.

Kienpointner, Manfred. Argument. In: Historisches Wörterbuch der Rhetorik, hrsg. von Gert Ueding. Bd. 1, A-Bib. M. Niemeyer Verlag Tübingen 1992, col. 889-904

Kindt, Walther. Konzeptuelle Grundlagen einer Theorie der Verständigungsprobleme. In: Fiehler; a.a.O., 1998, S. 17-43
Kindt, Walther. Argumentation und Konfliktaustragung in Äußerungen über den Golfkrieg. Zeitschr. für Sprachwissenschaft, Bd. 11, 1992, S. 189-215
Kipnis, Aaron und Elizabeth Herron. Wilder Frieden. Das Experiment einer neuen Partnerschaft zwischen Frauen und Männern. Rowohlt Taschenbuch, Reinbek b. Hamburg 1997, 263 S.
Kopperschmidt, Josef (Hrg.). Rhetorik, Bd. II. Wirkungsgeschichte der Rhetorik. Wissenschaftliche Buchgesellschaft, Darmstadt 1991, vii + 464 S.
Kühn, Peter. Mehrfachadressierung. Untersuchungen zur adressatenspezifischen Polyvalenz sprachlichen Handelns. (= Reihe Germanistische Linguistik, Bd. 154). Max Niemeyer Verlag, Tübingen 1995, VIII + 273 S.
Latour, Bernd. Deutsche Grammatik in Stichwörtern. Klett Edition Deutsch. Stuttgart/München/Düsseldorf/Leipzig 1997, 192 S.
Latour, Bernd. Um keine Antwort verlegen. Wie man Wortgefechte gewinnt. Kreuz Verlag, Stuttgart 2000, 142 S.
Latour, Bernd. Schlaue Antworten auf fiese Fragen. Kreuz Verlag, Stuttgart, 2002, 138 S.
Latour, Bernd. Wortattacken wirksam kontern. Kreuz Verlag, Stuttgart, 2003, 133 S.
Lay, Rupert. Dialektik für Manager. Methoden des erfolgreichen Angriffs und der Abwehr. Ullstein, Frankf./M., Berlin 1991
Lüger, Heinz-Helmut (Hrsg.). Höflichkeitsstile. Verlag P. Lang, Frankf./M. 2001
Mead, George Herbert. Philosophie der Sozialität. Suhrkamp Verlag, Frankfurt/M. 1969, 328 S.
Menz, Florian. Verständigungsprobleme in Wirtschaftsunternehmen. In: Fiehler, a.a.O. (Hrsg.) 1998, S. 134-154
Noelle-Neumann, Elisabeth. Die Kohl-Linie. FAZ 11.04.2000
Nöllke, Matthias. Schlagfertigkeit. Rud. Haufe Verlag. Meringen 2002, 126 S.
Ottmers, Clemens. Rhetorik. J.B. Metzler, Stuttgart/Weimar 1996, vii + 253 S.

Schank, Gerd/Schwitalla, Johannes (Hrsg.). Konflikte in Gesprächen. Verlag G. Narr, Tübingen 1987

Schmidbauer, Wolfgang. Einsame Freiheit. Therapiegespräche mit Frauen. Rowohlt. Reinbek b. Hamburg 1993, 251 S.

Schnieder, Annette: Late-Night-Talk im Philturm. In: you see – Das Magazin der Universität Hamburg, (Januar 2003, S. 7).

Spiegel, Carmen. Streit. Eine linguistische Untersuchung verbaler Interaktionen in alltäglichen Zusammenhängen. Tübingen: Verlag G. Narr 1995 (Forschungsberichte des Instituts für Deutsche Sprache), 358 S.

Stephan, Cora. Neue deutsche Etikette. Rowohlt Taschenbuch. Reinbek b. Hamburg 1996, 155 S.

Strauss, Anselm. Spiegel und Masken. Die Suche nach Identität. Suhrkamp Verlag, Frankfurt/M. 1968, 195 S.

Tannen, Deborah. Du kannst mich einfach nicht verstehen. Warum Männer und Frauen aneinander vorbeireden. Goldmann Taschenbuch, München 1993, 359 S.

Tannen, Deborah. Das hab' ich nicht gesagt! Kommunikationsprobleme im Alltag. Goldmann Taschenbuch, München 1994, 255 S.

Tannen, Deborah. Job-Talk. Wie Männer und Frauen am Arbeitsplatz miteinander reden. Goldmann Taschenbuch, München 1997, 447 S.

Tannen, Deborah. Lass uns richtig streiten. Vom Wortgefecht zum Dialog. Goldmann Verlag, München 1999, 447 S.

Ueding, Gert und Bernd Steinbrink. Grundriss der Rhetorik. Geschichte – Technik – Methode. 3. Aufl. Verlag J. B. Metzler. Stuttgart/Weimar 1994, xii + 420 S.

Ulsamer, Fleur. Linguistik des Schweigens. Eine Kulturgeschichte des kommunikativen Schweigens. Verlag P. Lang 2002, 278 S.

Wardetzki, Bärbel. Ohrfeige für die Seele. Wie wir mit Kränkung und Zurückweisung besser umgehen können. dtv, München 2004, 217 S.

Watzlawick, Paul, Janet H. Beavin und Don D. Jackson. Menschliche Kommunikation. Formen, Störungen, Paradoxien. Huber, Bern u.a. 1969

Watzlawick, Paul. Wie wirklich ist die Wirklichkeit? Wahn, Täuschung, Verstehen. Piper Verlag, München/Zürich 1976, 252 S.